一番やさしい
公会計の本
＜第1次改訂版＞

有限責任監査法人トーマツ
パブリックセクターインダストリーグループ
［編］

学陽書房

第 1 次改訂版に際して

　本書のコンセプトは、地方公会計について簡単に読めてすぐに全貌が理解できるというものですが、ご関心のある皆様方にご好評をいただき、今般、第1次改訂版を発刊することとなりました。

　企業会計方式に基づく地方公会計制度は、従来、総務省方式基準モデル、総務省方式改訂モデル、東京都方式（IPSASモデル）の３つが並存していましたが、「今後の新地方会計の推進に関する研究会報告書（総務省　平成26年4月）」において、統一的な基準による財務書類等の作成が定められ、原則として平成27年度から平成29年度当該3年間で、全ての地方公共団体に当該基準による財務書類等の作成が要請されることとなりました。今後はより一層、地方公共団体の比較可能性が高まり、地方公共団体の有効な行政経営が可能になるとともに、住民や議会によるガバナンスのための政治的意思決定にも資することが期待されています。

　このような制度環境の変化に対応すべく、本書では、「第2編　新地方公会計制度」の部分を全面的に見直しをしております。新地方公会計制度の統一的な基準について、その概要をわかりやすく説明しておりますので、是非ともお目通し頂ければ幸いです。

　最後になりましたが、この第1次改訂版におきましても、学陽書房編集部の川原正信様には大変にお世話になりました。この場をお借りしまして厚く御礼申し上げます。

平成27年11月

有限責任監査法人トーマツ
パブリックセクターインダストリーグループ
執筆者一同

はじめに

　「地方公会計」は、地方行政の"裏方"を担っているものではありますが、地方自治体が実直かつ健全な"行政経営"を行うためには必要不可欠の仕組みです。本書は、そのような「地方公会計」について、地方公共団体の職員の方や住民の方をはじめとするさまざまな方が、サッと読めて、かつ、全貌をきちんと理解をすることを目的として企画されたものです。

　本書は次のような3つの特徴をもっています。
- 平易な言葉で解説をすることで、会計の知識が十分でない初心者の方にもわかりやすいものとなっていること
- 現状の地方自治法に基づく地方公会計制度と企業会計方式による新たな新地方公会計制度の双方をコンパクトに解説をしていること
- 各章のはじめの部分にテーマを示し、最後にまとめとしてポイントを記載するとともに、図・表などをできるだけ多く利用することにより、"概観"を"直感的"に理解できるように配慮したこと

　本書の構成は次のようになっています。
　まず「序編　会計とは」では、会計の基本的考え方を平易に解説しています。次に「第1編　公会計の基本」では、1章から7章において、地方自治法に基づく現状の公会計制度の概要を解説したうえで、続く8章・9章において、財政健全化法等との関係における会計情報の具体的な活用方法や官庁会計の問題点などの、やや応用実務的な点について解説を加えています。さらに、「第2編　新地方公会計制度」では、1章から3章において、官庁会計の問題点を克服すべく導入された新地方公会計制度について、初心者の方にもわかりやすく解説をしたうえで、4章において、新地方公会計制度の課題や今後の展望に触れております。

本書が読者の皆様方にとって、「地方公会計」の理解の基盤となり、多少なりともお役に立てれば、これに勝る幸せはありません。
　なお、本文中の記載内容につき、意見にわたる部分は執筆者の私見であることを申し上げますとともに、当監査法人の公式見解ではないことを、あらかじめお断りしておきます。

平成24年7月

有限責任監査法人トーマツ
パブリックセクターインダストリーグループ
執筆者一同

もくじ

- 第1次改訂版に際して ……………………………………… 3
- はじめに …………………………………………………… 4
- 凡例 ………………………………………………………… 10

序編　会計とは　11

1章　そもそも会計とは何か（会計の目的）………………… 12
- 会計とは何か　12
- 会計の意味　12
- 会計はなぜ大切なのか　13

2章　会計にも種類がある ………………………………… 16
- 会計の種類とは　16
- 公会計とは　16
- 企業会計とは　17
- 財務会計と管理会計　18

第1編　公会計の基本　21

1章　公会計の流れ ………………………………………… 22
- 公会計の大まかな流れをつかもう　22
- 会計とは　22
- 決算書はだれが、いつ作るのか　22
- いつ伝達するのか　23
- 予算制度と決算　24
- 予算から決算まで　25

2章　単年度主義 …………………………………………… 29
- 会計年度独立の原則とは　29
- 会計年度独立の原則の例外　29

企業会計では　30

3章　出納整理期間とは何か（3月31日は決算日か）………… 31
　　　出納整理期間とは　31
　　　企業会計では　32

4章　一般会計・特別会計と普通会計・公営事業会計 ………… 34
　　　それぞれの会計の範囲　34
　　　一般会計と特別会計　34
　　　普通会計と公営事業会計　35
　　　決算統計　36
　　　決算カード　37

5章　会計報告の方法 ……………………………………………… 39
　　　会計報告の目的　39
　　　受託責任と説明責任――公的説明責任と公会計　41
　　　会計報告の利用者と求められる情報　41
　　　会計報告の主体　44
　　　会計報告の時期　46

6章　会計と議会の関係 …………………………………………… 51
　　　自治体における議会とは　51
　　　議会の役割　52
　　　自治体の予算制度　53
　　　予算の執行と決算の承認　58

7章　会計情報のチェックは誰がするのか ……………………… 62
　　　会計情報のチェックの担い手――監査委員　62
　　　監査委員の選任　63
　　　監査委員監査の内容　65
　　　監査委員事務局　73

8章 会計情報は何に活かされるのか … 75

会計情報の行方　75
予算の機能　75
決算の機能　76
予算と決算の関係はPDSサイクル関係　77
会計情報は具体的にどのように活かされているか　79

9章 公会計の問題点（官庁会計の限界） … 91

単式簿記・現金主義会計　91
単式簿記・現金主義会計の問題点　91
連結情報の欠如　94
単年度主義会計の問題点　95

第2編　新地方公会計制度　97

1章 新地方公会計制度とは何か … 98

新地方公会計制度導入の目的（公会計の問題点の克服）　98
新地方公会計制度とは　98
複式簿記と発生主義とは　99
新地方公会計制度の整備に関する取組み　101
財務書類の作成状況　105
統一的な基準の導入に向けた動き　106
統一的な基準の公表とその背景　107
統一的な基準の特徴　108
東京都方式とは　110

2章 新地方公会計制度はなぜ必要なのか、その目的は何か … 113

地方公会計における制度改正の背景と目的　113
改革をするとどうなるのか（公会計を整備する意義は何か）　119

3章 財務書類とは何か、財務書類から何がわかるのか … 127

財務書類にはどういうものがあるのか　127

貸借対照表とは　　128
　　貸借対照表の構成要素　　128
　　貸借対照表を見てみよう　　130
　　行政コスト計算書とは　　134
　　行政コスト計算書の構成要素　　135
　　行政コスト計算書を見てみよう　　136
　　純資産変動計算書とは　　138
　　純資産変動計算書の構成要素　　138
　　純資産変動計算書を見てみよう　　140
　　資金収支計算書とは　　142
　　資金収支計算書の構成要素　　142
　　資金収支計算書を見てみよう　　144
　　財務書類4表の関係はどうなっているのか　　146
　　統一的な基準に基づく財務書類　　148
　　連結財務書類とは　　149
　　統一的な基準における連結会計　　150

4章　新地方公会計制度の課題 …………………………………… 157
　　新地方公会計制度の目的　　157
　　住民や議会に対する開示　　159
　　行政経営への活用　　160
　　資産債務改革へ向けて　　165
　　その他新地方公会計制度の課題　　168

　　参考文献等 ……………………………………………………… 171
　　索引 ……………………………………………………………… 173
　　あとがき ………………………………………………………… 177

凡　例

　本文中で使用した、法令等の略称は以下のとおりです。

法	地方自治法
令	地方自治法施行令
則	地方自治法施行規則
公企法	地方公営企業法
財政健全化法	地方公共団体の財政の健全化に関する法律

序編

会計とは

1章 そもそも会計とは何か（会計の目的）

> **本章のテーマ**
>
> なぜ、会計が生まれ、必要とされているのか。何を目的としているのかについて解説していきます。

◢ 会計とは何か

　普段、「会計」という言葉をどんなところで耳にしますか？　日常生活では、あまり「会計」という言葉自体、使わないし、聞き慣れないかもしれません。

　でも、「会計」はすごく大切で、重要なものなのです。そこでまず、
　　① 会計の意味
　　② どうして大切なのか
から見ていきます。

◢ 会計の意味

　会計の定義はいろいろあります。例えば「会計とは、ある特定の経済主体の経済活動を、貨幣額などを用いて計数的に測定し、その結果を報告書にまとめて利害関係者に伝達する為のシステム*」といわれています。

　これだけだとわかりにくいので、もう少し説明すると、図表1のようになります。

＊　桜井久勝『財務会計講義＜第9版＞』、中央経済社、2008年、p.1

図表1　会計の定義

項目	翻訳すると……
ある特定の経済主体の	企業、家庭、官庁、自治体など、会計を行う場所の
経済活動を	（企業なら）販売、仕入、営業、といった活動を （家庭なら）お給料やボーナスの収入、ローンの返済、食費支出といった活動を （官庁、自治体なら）税金等による収入、各種事業に伴う支出といった活動を
貨幣額などを用いて	金銭的な価値（円、ドル等）で
測定し、結果をまとめて利害関係者に伝達する	大きさを測って、関心のある人に、知らせる

会計はなぜ大切なのか

　具体的な例を用いて説明します。企業では日々、商品を販売したり、仕入れたり、もしくは部品を購入して製造したりしています。でも、それぞれの業務を眺めていても、儲かっているかどうかはわかりませんよね？

　そこで会計の登場です。会計を取り入れると、企業の収益や費用を集計して、お金の単位で儲かっているのかどうかを測定し、状況を知ることが可能になります。

　同様に、家庭でもいろいろなことをやっています。お給料やボーナスが入ってくる一方、住宅ローンや家賃を振り込んだり、子供の習い事やスーパーの買い物にお金を支払ったり、水道代や電気代を銀行引き落としにしたりしています。それぞれの家庭の人数、年齢構成、所在地等もまちまちですので、いろいろなことをやっていても、お金が足りているのかそうでないか、それだけを眺めていても分かりません。

　そこで家計に会計を取り入れると、収入と支出を集計することで、お金が足りているのか、それとも不足して貯金を取り崩したり、借金をし

なくてはならないのかが分かるようになります。

官庁、自治体も同様です。どのような事業があり、どのように使ったのかは会計を用いて初めて明らかになります。

図表2　役に立つ会計

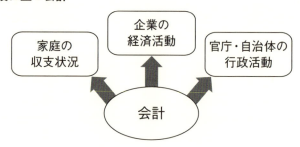

本章のまとめ
- 会計とは、「ある特定の経済主体の経済活動を、貨幣額などを用いて計数的に測定し、その結果を報告書にまとめて利害関係者に伝達する為のシステム」といわれています。
- 民間企業も自治体も、どのような事業により、どのように資金が使われたかということは、会計を用いて初めて明らかになります。

ちょっとひと休み

「会計」の歴史

(以下はフリー百科事典『ウィキペディア（Wikipedia）』「会計史」より抜粋)

　世界で最古の文明の一つであるエジプトでは、紀元前4000年頃より国家機構が形成されて金・銀・銅、家畜や穀物、油類などが租税として徴収されていました。これらは、ファラオ（国王）の倉庫に送られて物資ごとに収められていました。倉庫を管理するために会計記録官が配置され、これらの物資の管理及び支出を担当していました。会計の記録はパピルスに葦草の筆で記録されていました。

　商業が盛んであったバビロニアでは紀元前3500年の会計記録が存在しており、エジプト同様の公的会計の仕組みが成立していました。バビロニアの会計記録官は契約成立時の立会人としての役割を果たし、時には粘土板上に契約内容を刻んで債権者に手渡し、保証としていました。

　古代ローマでは、国庫の大半は神殿の地下にあった金庫で管理されていました。管理の責任者は財務官でしたが、財務官といえども元老院の許しがなくその中身を動かすことは出来ませんでした。ローマ時代には備忘帳や会計日記帳に相当するものが存在し、元帳に相当するものも用いられていました。

　中世イギリスの封建社会では、国王が領主に土地・労働者の管理権限を与え、領主に財産を委託していました。領主の代理人である荘園執事が荘園の管理責任者であり、村役人は荘園内の全般的な監督に当たっていました。領主は荘園の経営状態や執事などの働きぶりをチェックするため、執事や村役人は自分の仕事が果たされているかを明らかにするため、会計が必要とされていました。

　こうしてみると、会計とは、まさに国や地方などの行政機構のお金や財産の管理と切っても切れない関係にあることがよくわかりますね。

2章 | 会計にも種類がある

> **本章のテーマ**
>
> なぜ、公会計と企業会計、財務会計と管理会計といろいろな名前がついているのか。会計の目的に応じて種類が分かれていることを解説していきます。

■ 会計の種類とは

今まで見てきたように、企業、家庭、官庁、自治体と、いろいろな所で会計が役に立ちます。

でも、企業、家庭、官庁、自治体、それぞれにおいて会計を使う目的が違います。会計と一口に言っても、実はいろいろな種類があります。言い換えると、目的に応じた会計があるということです。

■ 公会計とは

最も身近な会計というと、家計が考えられます。家計簿は、その家庭の経済活動を貨幣的価値で測定して、家族に対して「お金が足りているか」「どのようなところにいくら使っているのか」を教えてくれます。

一方、官庁、自治体の会計は、「公会計」(もしくは官庁会計) と呼ばれています。公会計は、先の定義を用いると「官庁や自治体の活動を貨幣的価値で測定し、伝達する」ものです。

さて、ここで問題です。公会計は「誰に」活動を伝えるのでしょうか。

それは、自治体なら地元住民や企業、官庁なら国民と考えられます。公会計は、これらの住民や企業から納付された税金や、借金 (国債や地方債等) によって確保した収入を用いて、さまざまな事業を実施しています。したがって、お金を出した人や企業 (借金の場合、将来、返済を負担する人や企業) に対して、出してもらった (将来負担してもらう予定の) お金を、どう使ったかを説明することが必要になります。

すなわち、公会計では「出て行ったお金がどのような内容で、また、

いくらだったか」「入ってきたお金がどのような内訳で、また、いくらだったか」、といった点が重視されます。

企業会計とは

　先ほどの会計の定義から考えると、企業会計とは「企業の経済活動を貨幣的価値で測定し、伝達する」こととなります。

　では、企業会計は「誰に」経済活動を伝達するのでしょうか。

　それは、「企業内外にいるさまざまな利害関係者に」ということができます。「企業内外にいる利害関係者に、その企業の経済活動を測定、伝達する」ということです。企業内にいる利害関係者とは、その企業の経営者や従業員を考えることができます。一方、企業外部にいる利害関係者とは、その企業に融資している金融機関、その企業の株式を保有する投資家、税務当局などを考えることができます。

　企業会計では、このような各種利害関係者に、その企業の経済活動の情報を測定、伝達することが必要となるため、公会計と異なり「いくら入ってきて」「いくら使ったのか」といった観点の情報を提供するだけは不十分となります。

　なぜなら、利害関係者はさまざまな意思決定を会計情報に基づいて実施しようとしているからです。例えば、ある企業の経営者や従業員にとっては「この企業がいま儲かっているのか」「問題なく将来的にやっていけるのか」「どの分野で儲かっているのか」「どこが問題なのか」等々に興味があります。

　また、投資家にとっては「投資価値に見合った収益を上げているのか」「成長性があるのか」「この会社に投資しても大丈夫か」、企業に貸付をしている金融機関にとっては「貸付資金は問題なく回収されるのか」、税務当局にとっては「適切な納税額を計算できているのか」が関心の中心となります。

図表3　企業会計が必要な理由

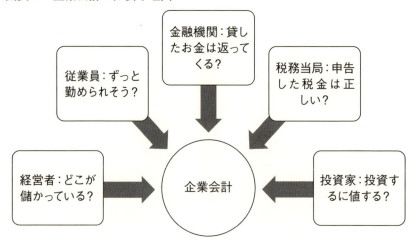

　そのため、企業会計はさまざまな興味に対応できるよう、主に2つの会計に大別されます。

財務会計と管理会計

　企業会計は財務会計と管理会計に大別されます。いずれも企業会計という点で共通しますが、それぞれ目的が異なります。

　まず、財務会計とは、主に企業の外部利害関係者に対して提供される会計です。先ほど述べたように、外部利害関係者とは、投資家、金融機関、税務当局等、企業の外部にいる関係者を意味します。これら利害関係者は、その企業の「将来性、成長性」「債務の返済可能性」「納税額の適切性」といった数々の意思決定を適切に実施するために、会計情報を利用します。

　そのために重要なのが、他の企業や他の事業年度と比較できるように、公表される会計情報は基本的に同じルールで作成される、ということです。

　そのため、財務会計にはさまざまなルールがあり、どの企業もそのルールに則った処理を行うことが求められます。また、株式市場に上場している企業の場合、財務情報は有価証券報告書等で公表されます。

次に、管理会計とは、企業の内部利害関係者に対して提供される会計です。内部利害関係者とは、経営者・従業員等企業内部の関係者です。これらの利害関係者は、その企業が「どの分野で儲かっているのか」「売れている商品の原価はいくらか」「研究開発直後の商品はいくらなら売っても採算が合うか」といったことから「設備投資にいくらまでなら出せるか」「不採算の事業は、どこまでの赤字なら許容できるか（どの時点で見限るか）」といったさまざまな意思決定を適切に実施するために、会計情報を利用します。

そのためには、他の企業や他の事業年度との比較ができるということよりも、「経営意思決定に役立つ情報か」ということがより重要となります。

したがって、管理会計についてはどの企業にも強制されるルールはなく、各企業で適切な判断ができればどのようなルールを用いても問題ありませんし、また、原則として、外部利害関係者に公表する義務も有していないこととなります。

これらを図示すると図表4のようになります。

図表4　企業会計の種類

会計の種類	主な対象者	重視される点	特色
財務会計	外部利害関係者（投資家、債権者、税務当局）	他の企業、他の事業年度と比較できること	・どの企業にも適用される統一ルールがある ・公表されることが前提
管理会計	内部利害関係者（経営者）	適切な意思決定ができること	・どのようなものでもよい（統一ルールはない） ・基本的に公表されない（公表することを想定していない）

本章のまとめ
- 公会計の目的は、住民や国民などの利害関係者に官庁や自治体の活動を貨幣的価値で測定した情報を伝達することです。

- 企業会計の目的は、金融機関や投資家に企業の活動を貨幣的価値で測定した情報を伝達することです。
- 財務会計は外部利害関係者（金融機関・投資家等）、管理会計は内部利害関係者（経営者・従業員等）に対して提供される会計のことをいいます。

 ちょっとひと休み

税務申告書とは？

　本章の中で、財務会計の外部利害関係者に税務当局を挙げました。基本的には税務当局も財務諸表を前提に課税額を判断しますが、税金計算上、一部特殊な判断を行う部分があります。

　例えば、「交際費」という費用は、財務会計上は全額費用となりますが、税務上は一定限度額を超えると費用（税務上は「損金」といいます）として認めてもらえず、その分利益（税務上は「所得」といいます）が多くなるような調整が行われます。

　こういった税務上の特殊な判断をするための計算書面を、「税務申告書」といいます。

第1編

公会計の基本

1章 公会計の流れ

> **本章のテーマ**
> 予算に始まり、決算で終わるという1年の流れ（予算作成⇒予算執行⇒決算）についてそれぞれの時期における特性も含め解説します。

▍公会計の大まかな流れをつかもう

第1編では公会計、特に現在、全ての自治体で行われている、いわゆる官庁会計について見ていくことにします。詳しくは本章以降で順次見ていきますが、まず、おおまかな流れを把握しておきましょう。森を見てから、木を見ていく感じです。全体像をざっとつかんでから、個々の細かいところを見ていきます。

▍会計とは

おさらいですが、「会計」とは何でしたでしょうか。序編では、会計を「伝達すること」あるいは、「測定し、知らせること」と説明しました。公会計では、自治体が、お金を出してもらった住民や企業に対して、そのお金をどう使ったかについて伝達することになります。伝達の方法としては、決算書という書類が使われます。自治体では（企業もそうですが）、毎年決算書を作成し、これを公表しています。この決算書にお金の使い道が示されているわけです。

▍決算書はだれが、いつ作るのか

では、その決算書はいったいだれが作成するのでしょうか。またいつごろ作成するのでしょうか。

自治体は、さまざまな事業を行っており、それぞれの事業に担当する所管課があります。みなさんも役所へ住民票を取りにいくことがあると思いますが、窓口で対応してくれる役所職員は「市民課」（自治体によっ

て課の名称は異なります）に所属している職員です。

　では、決算書を担当する所管課はどこなのでしょうか。実は、地方自治法上、決算を担当するのは会計管理者となっています（法第168条、第170条）。すなわち、課ではなく管理者といういわば一職員が決算を担当することになります。しかし、実際、1人で決算書を作成することはとても無理ですから、会計管理者の補助組織としての会計室（これも自治体によっては、「会計課」だったり「会計管理室」だったりと異なります）の職員が決算書を作成します。

　自治体の1年間は毎年4月1日に始まり、翌年3月31日に終了します。その後、2ヶ月間の出納整理期間（後ほど説明します）を経て、6月頃から決算書の作成に取り掛かります。そして8月までには決算書の作成が完了します。地方自治法では、決算は出納整理期間終了後3ヶ月以内と定められています（法第233条第1項）。

いつ伝達するのか

　8月までにおおよそ決算書は完成しますので、8月の終わりごろには会計管理者は住民や企業に伝達することができるように思えますが、それはできません。住民や企業に伝達する前に、いくつかの手続を踏む必要があります。会計管理者は作成（地方自治法では「調製」といいます）した決算書を地方公共団体の長に提出します（法第233条第1項）。地方公共団体の長はそれを監査委員の審査に出します（同第2項）。会計管理者（実際には会計室の職員）が作成した決算書が正しいのかどうか、というチェックをしないと間違った決算書を公表してしまうかもしれないからです。そのチェックをするのが監査委員です。監査委員は決算書を監査し、その結果である意見を決算書に付して議会に提示します。そして議会の認定を受けます（同第3項）。

　すなわち、会計管理者が作成した決算書は、監査委員の意見をもらい、議会の認定を受けないと住民や議会に伝達することができないようになっています。そして、議会の認定を受けた後、ようやく、その要領が住民に公表（伝達）されることになります（同第6項）。

図表 5　決算の公表までの流れ

予算制度と決算

　これまで、決算について見てきました。決算はお金の使い道の「結果」を示しています。自治体では決算もそうですが、お金の使い道の計画、すなわち予算も重要です。むしろ、決算よりも予算の方が重要であるといっても言い過ぎではないくらいです。

　先ほど見たように地方自治法上、決算については、住民に伝達する前に議会の認定を受ける必要がありますが、これは予算についても同様です。住民に伝達（公表）される前に議会の議決が必要です（法第 211 条第 1 項、法第 219 条第 2 項）。そして、この点が重要なのですが、予算については議会の議決、つまり議会の了承を得ない限り予算は成立せず、自治体は事業を行うことができなくなるということです。そのため、新しい年度が始まるまでに予算の議決を経ることが非常に重要です。

　よく毎年 2～3 月ごろになると、国の予算編成について「予算の年度内成立」という言葉を聞くことがあると思います。これは次年度の予算が年度内、すなわち前年度中に成立することをいいます。毎年 4 月 1 日から新年度が始まりますが、その新年度の予算は前年度の 3 月 31 日（新年度開始日の前日）までに成立（国会の議決を経る）しておかないと、新年度の事業を行うことができなくなるからです。実際に年度内成立ができない場合も生じます。予算が成立しなくても、時間が経てば新年度は始まり、例えば、自治体職員へ給与を支払わなければなりません。こういった場合に、とりあえずの対応として組まれるのが「暫定予算」といわれるものです（法第 218 条第 2 項）。とにかく議会の議決を経て成立しないことには始まらないのが予算なのです。

　一方、決算はどうかというと、予算と同様に議会の認定を受ける必要

がありますが、たとえ議会から認定されなくても、決算の効力自体に変わりはありません（決算が成立しないということにはならないということです）。認定されないということは、決算で示されているお金の使い方が良くなかったという議会の意思表明ですが、良くなかったからといって、既にもらったお金や支払ったお金を元に戻すことはできません。終わってしまった過去のことは、もはや変えられないのです。

このように、予算と決算では予算の方が重視されます。議会の議決を経た予算に基づいて、事業を行い（予算執行といいます）、その結果を決算書で報告する、これが、公会計の基本的な流れです。

予算から決算まで

ここまで予算と決算について見てきました。予算はお金の使い道の計画、決算はお金の使い道の結果をそれぞれ示しています。計画を立ててそれを実行し、その結果を報告するという一連の流れを時間軸も併せてまとめてみましょう。厳密にはもっと細かくなり、また自治体によってスケジュール等は異なりますが、ここでは概要を理解するということで大まかな流れを図表6に示すこととします。

図表6　予算から決算までの流れ

	X1年度予算・決算	X2年度予算・決算	X3年度予算・決算
X1年　9月		X2年度予算編成方針決定	
10月		X2年度予算要求書提出	
11月〜12月		ヒアリング、査定	
X2年　1月		X2年度予算案内示	
2月		X2年度予算案議会提出	
3月		議会議決・X2年度予算成立	
4月〜5月	出納整理期間		
6月	X1年度決算作業開始		
7月			
8月	X1年度決算監査委員審査		
9月	X1年度決算議会認定	X3年度予算編成方針決定	
10月		X3年度予算要求書提出	
11月〜12月		ヒアリング、査定	
X3年　1月		X3年度予算案内示	
2月		X3年度予算案議会提出	
3月		議会議決・X3年度予算成立	
4月〜5月			出納整理期間
6月			X2年度決算作業開始
7月			
8月			X2年度決算監査委員審査
9月			X2年度決算議会認定

X2年度で見てみますと、予算がX1年の9月の予算編成方針の決定から始まり、最終的な決算認定はX3年9月に行われています。このように、予算から決算まででおよそ2年がかりということになります。

> **本章のまとめ**
> - 自治体の決算書は、会計管理者が調製して地方公共団体の長に提出した後に、監査委員の審査を経て、議会で認定を受け、住民に公表されます。
> - 自治体は新しい年度が始まるまでに議会による予算の議決を受け、予算を成立させなければ事業を実施できません。一方、決算は議会から認定されなくても決算の効力自体に変わりはありません。
> - 予算から決算までの流れは、前年度の9月頃の予算編成方針の決定から始まり、最終的な決算の認定は翌年度の9月頃に行われるため、およそ2年がかりということになります。

ちょっとひと休み

会計士監査とは？

　この本を執筆しているのは公認会計士ですが、多くの方にとって、公認会計士がどんな仕事をしているのかよくわからないのではないでしょうか。

　公認会計士は、独占業務（会計士以外にはできない業務）として「財務諸表監査」を実施できる資格です。財務諸表とは、先の財務会計を一定の様式で表した「企業の成績や財産の状況」であり、財務諸表監査とは、企業の成績や財産の状況が表されている財務諸表が間違っていないかチェックする仕事なのです。

　「悪いことほど、早く正確に報告する」みなさんも職場の上司等から言われたことがあると思います。しかし、人間、悪いことはなかなか言いづらいものですし、できることなら隠しておきたい、あるいは偽って良いことのように報告したい、という心理が働くのも人間です。企業の経営者も人間です。当期の経営成績が良くなかった、思ったより利益があがらなかった、といった場合には、偽ってでも良いように報告したい、という動機が生じます。一方、その企業の経営成績を知りたい人（例えば、株主だったり、これからその企業に投資しようと考えている人等が該当し、一般的に「投資家」と呼びます）からすると、偽らないで正確な経営成績を報告して欲しいと思っています。ここで、経営者が悪い経営成績を偽って良い成績であったと報告すると、その報告を受けた投資家は、偽りの報告に基づいて意思決定を行うことになりますので、ひょっとすると大きな損害を被ることになるかもしれません。企業が報告する経営成績が偽りであると、投資家は不安になって安心して投資活動を継続することができなくなり、資本主義経済も立ち行かなくなります。そこで、企業が報告しようとする経営成績が適正に報告されるようになっているか、すなわち財務諸表が適正に作成されているかどうかをチェックし、その信頼性を保証する役割が必要になります。その役割を公認会計士が財務諸表監査という形で果たしているのです。

2章 単年度主義

本章のテーマ

なぜ1年ごとなのか、企業会計の1年決算との違いはなにかといった視点から解説し、単年度主義とは何かを明らかにしていきます。

会計年度独立の原則とは

自治体の会計年度は毎年4月1日から翌年の3月31日までですが（法第208条第1項）、各会計年度における歳出はその会計年度の歳入で賄うこととされています。このことを「会計年度独立の原則」と呼んでいます（法第208条第2項）。

会計年度独立の原則が出来上がった歴史を調べてみると、絶対王政下の時代にまで遡る説もあり、その説では絶対王政下のヨーロッパにおいて国王の恣意的な徴税・浪費の防止を目的として導入されたとされています。

現在においては、課税や支出といった自治体の財政活動は住民の代表者で構成される議会のコントロールを受けるべきであるという財政民主主義のみならず、各年度の財政均衡を通じた世代間の衡平性の確保も含む概念として理解されています（「世代間の衡平性」とは、行政サービスを享受した人々（＝世代）がそのコストを負担すべきであるという考え方であり、便益を伴わない借金の将来世代への付回しを戒めるものです）。

会計年度独立の原則の例外

とはいいつつも、会計年度独立の原則を徹底すると、不都合なケースが発生します。例えば、予算策定時には年度内に終了する予定であったにもかかわらず、何らかの事情で未完成のまま年度末を迎えてしまった工事の代金をいつ払うのかといった場合です（当年度の経費に充てるべき予算を翌年度に執行することは収支の均衡を乱すことになります。か

といって工事が完成していないので工事代金を当年度に支払うこともできません)。

そこで、一定の要件のもとに歳出予算の執行を翌年度に繰り越して使用することを認める事故繰越制度（法第220条第3項）が認められています。また、何らかの事情により歳出に見合う歳入が確保できなかった場合には、翌年度の歳入として手許にある現金を前年度の歳入に組入れる繰上充用（令第166条の2）が認められています。どんな原則にも例外はあるものです。

企業会計では

企業会計においても各会計年度ごと、すなわち1年ごとに決算が行われていますが、それは会計年度独立の原則のためではありません。企業ではある年度の支出をその年度の収入で賄わなければならないというようなことはなく、収入は単なる収入であり、「何年度の収入」というようにお金を年度ごとに区別するという考え方はありません。企業は営利目的で存在し、出資者である株主に支払う配当金額を確定する必要があります。

すなわち、継続して事業を行っていますが、ある一定の時点で、損益計算（今年はいくら儲かったのかを計算する）をする必要があります（そうしないと、いつまでたっても儲かっているかどうかわかりません）。そのために、1年で区切って決算をしているのです。

> **本章のまとめ**
> - 会計年度独立の原則（単年度予算主義）は、財政民主主義および財政均衡を通じた世代間の衡平性の確保の観点に基づくものです。
> - 会計年度独立の原則の例外として、事故繰越や繰上充用などの制度が認められています。
> - 企業会計では会計年度独立の原則の考え方ではなく、株主に対する配当金額の確定等の分配可能利益の測定目的等のために、1年ごとの決算が行われます。

3章 | 出納整理期間とは何か（3月31日は決算日か）

> **本章のテーマ**
>
> 出納整理期間は何の目的で、なぜあるのか、企業会計ではどうなっているのかを解説していきます。

■ 出納整理期間とは

　自治体が金銭を受け入れるためには、調定（金銭を納付すべき人や納付する金額に誤りがないかどうか、あるいはその納付が法令や予算などに違反していないかどうかを確認する手続きのことをいいます）、納入の通知（調定によって納付義務が確定した人に対し、納付すべき金額や納付期限などを通知する手続きのことをいいます）、収納（会計管理者という自治体の担当者が納付義務者から金銭を受け取って自治体のものとすることをいいます）という手続きが必要です。ところが、3月31日までに調定は終了しているものの実際の収納は翌年度の4月以降に行われることが少なくありません。

　また、自治体が金銭を支払うためには、支出負担行為（物品の購入契約や建物の建築請負契約など支出の原因となる行為のことをいいます）、支出命令（市長など自治体の長が会計管理者に対して支出を命令することをいいますが、これがなければ自治体は支払いをすることができません）、支出（会計管理者が契約その他の相手方に金銭を支払うことをいいます）という手続きが必要ですが、支出負担行為は年度内に終了しているものの実際の支出は翌年度になってから行われることがあります。

　このように翌会計年度になって行われた収納又は支出をどの会計年度に帰属するもとのとして扱うべきでしょうか。

　この点につき、地方自治法では、原則として収納又は支出の根拠となった調定又は支出負担行為が行われた会計年度に帰属させる、という考え方が採用されています（具体的には、平成24年3月3日に調定された債

権が同年5月5日に収納された場合、当該収納は平成23年度の歳入として決算書上処理されることになります)。なぜならば、各年度の収支均衡を要求する会計年度独立の原則からすれば、いつ生じるか不明な実際の収支ではなく、予算に計上されている収支の原因となる債権債務の確定時点をもって整理するのが妥当だからです。

ただし、いつまでもこのような処理を認めると決算処理が著しく遅延してしまいます。そこで、翌年度の5月31日を「出納閉鎖日」とし(法第235条の5)、前会計年度に確定した債権債務に基づく収入又は支出がこの日までに行われた場合には、これを前会計年度に帰属するものとして整理することとされています。この出納閉鎖日までの約2ヶ月間(翌年4月1日から5月31日まで)を「出納整理期間」といいます。なお、出納整理期間は出納そのものを整理する期間であり、既に経過した会計年度の歳入調定や支出負担行為を行うことはできません。

企業会計では

公会計においては現金収支の事実に基づいて決算書を作成しつつ、会計年度独立の原則の要請から当該現金収支の帰属年度をその原因となった債権債務の確定時点としています。そのため、債権債務の確定とこれを原因とする現金収支が会計年度をまたいでしまった場合の調整手段として出納整理期間が設けられています。

これに対し、企業会計における決算書(損益計算書)は経済的価値の増減に応じて収益及び費用を認識しており、現金収支との間に直接的なつながりがありません。そのため、企業会計においては現金収支の帰属年度を調整するための出納整理期間は設けられていません(官庁会計のように現金収支を基礎に決算書を作成することを「現金主義」というのに対し、経済的価値の増減に応じて決算書を作成することを「発生主義」といいます。なお、民間企業における現金収支は実際に発生した会計年度のキャッシュ・フロー計算書に記録されることになります)。

本章のまとめ

- 自治体では、予算に計上されている現金収支の原因となる債権債務の確定時点をもって整理をするため、翌年度の5月31日を出納閉鎖日とし、翌年度の4月1日から5月31日までを出納整理期間として整理をしています。
- 企業会計では、経済的価値の増減に応じて収益および費用を認識しており、現金収支との帰属年度を調整する必要がないため、出納整理期間は設けられていません。

 ちょっとひと休み

会計に反映されないものは？

会計の定義にあるように、会計はあくまで「貨幣額を用いて測定、報告」するものです。したがって、貨幣額で測定しきれないものは反映できません。例えば、従業員の能力や熱意、先見性、社風といったものは、会計には出てきません（もちろん、これは今現在の話で、将来的に測定可能な手法が出てきたら違いますが）。なお、会計理論の研究領域においては「人的資本会計」として先見的な見解がいくつか出されています。

4章 | 一般会計・特別会計と普通会計・公営事業会計

> **本章のテーマ**
>
> 各々の会計制度は何が違って、どうして違うのかを解説します。また、普通会計・公営事業会計で作成される決算統計についても解説します。

それぞれの会計の範囲

「一般会計」「特別会計」という言葉は聞かれたことがあると思います。それ以外に「普通会計」「公営事業会計」という会計が存在します。これらの会計は何がどう違うのでしょうか。また、これらの会計を区分する意図や目的はどこにあるのでしょうか。本章ではそれぞれの会計の違いについて見ていきます。

一般会計と特別会計

一般会計とは、特別会計で処理されるもの以外の全ての自治体の収入・支出を記録するための会計であり、自治体の会計の中心となるものです。自治体の会計は単一会計主義といわれ、本来は1つの会計によって経理されることが理想とされています。しかし、現在のように行政の活動範囲が広範多岐にわたってくると、1つの会計ではその内容がかえって複雑になり、内容も理解しにくく、会計処理も困難となります。そこで、一般会計に対し、特定の歳入歳出を一般の歳入歳出と区別して別個に処理するために、特別会計を設置することが地方自治法上認められています。

特別会計の設置が法律上義務づけられている会計を除いて、特別会計を設置する場合は必ず当該自治体の条例によらなければなりません。このため、特別会計を設けるかどうかは、各自治体の自主判断によることとされています。ただし、各自治体がみだりに特別会計を設置するとかえって複雑になるため、特別会計の設置については地方自治法上も「特

定の事業を行う場合」と限定しています。この「特定の事業」には、例えば軌道事業、鉄道事業、上水道事業等の公営企業や市場、印刷事業等の特定の事業を行う場合などが想定されます。

なお、特別会計の設置が法律上義務付けられている会計には、自営業者の方が加入している国民健康保険事業に関する収入・支出を記録する国民健康保険事業特別会計や高齢者に介護サービスを提供するための介護保険事業に関する収入・支出を記録する介護保険特別会計、あるいは地方公営企業法の適用を受ける公営企業特別会計等があります。

図表7　一般会計と特別会計の範囲

普通会計と公営事業会計

一般会計と特別会計で見たように、特別会計は法律上義務付けられている場合を除き、各自治体の自主判断により増やすことができます。しかし、各自治体が自由に特別会計を増やしてしまうと、全国自治体の財政の平均値を出す場合、年度間の財政の比較をする場合や自治体間で財政を比較する場合に同じ単位で比較することができなくなってしまいます。そこで、この問題を解決するために、地方財政統計上、統一的に用いられる会計区分として普通会計が設定されています。この普通会計は統計上便宜的に設定されている会計であって、現実には存在せず、地方自治法等の法律によって規定されているものでもありません。

普通会計は、一般会計と特別会計のうち、①地方財政法施行令第46条に掲げる事業に係る公営企業会計、②収益事業会計、農業共済事業会計等以外の事業で地方公営企業法の全部又は一部を適用している事業に係る会計に含まれない特別会計を合算した会計区分をいいます。普通会計の範囲を図示すると図表8のとおりになります。

図表8　普通会計の範囲

　公営事業会計は普通会計と同じく地方財政統計上における会計区分です。この公営事業会計は、水道事業等の公営企業会計＊のほか、①競馬、自転車競走（競輪）、モーターボート競走（競艇）、小型自動車競走（オートレース）及び宝くじの各事業に係る収益事業会計、②公益質屋事業会計、③直診勘定に係る病床数20床以上の病院で公営企業会計で取り扱われるものを除く国民健康保険事業会計、④老人保健医療事業会計、⑤農業災害補償法により自治体が行う農業共済事業会計、⑥自治体が条例等により直接行う交通災害共済事業会計、⑦自治体が設置する大学の附属病院事業に係る公立大学附属病院事業会計、⑧介護保険法により自治体が行う介護保険事業会計の総称をいいます。また、詳しくは後ほど解説しますが、各自治体の普通会計や公営事業会計の決算状況をまとめた表として、「決算統計」を作成します。この決算統計は、年度間で様式の変更はあるものの、全国の自治体で共通の様式により作成されます。

決算統計

　普通会計と公営事業会計ではその会計単位で決算統計が作成されます。この決算統計は正式名称を「地方財政状況調査」といい、自治体の決算に関する統計のことをいいます。決算統計は毎年各自治体で作成するものであり、その様式や内容が変更されることがあるため、例年5月に総務省から説明があり、調査結果は7月末に総務省に提出されます。

＊　公営企業会計とは、自治体の経営する企業のうち、次に掲げる事業をいいます（地方公営企業法第2条）。
①水道事業（簡易水道事業を除く）、②工業用水道事業、③軌道事業、④自動車運送事業、⑤鉄道事業、⑥電気事業、⑦ガス事業。

また、この決算統計の数値を集計したものが、「地方財政白書」として公表されます。

図表9　決算統計の表紙

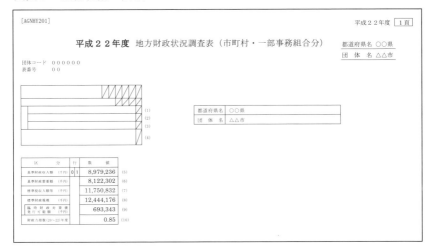

決算カード

　決算統計をベースにして各自治体の主な指標や数値を一覧にした決算カードが作成されます。総務省のホームページでは全ての都道府県、市町村の決算カードが公表されていて、各自治体の財政状況を把握することができます。

　具体的に決算カードから把握できる情報としては、自治体の歳入（収入）、性質別の歳出（支出）、目的別の歳出（支出）、収支の状況や各種分析指標等があります。この決算カードを用いることで、他の自治体と金額や各種比率等の財政状況を比較することができます。

（参考：決算カードに関する総務省のホームページ
http://www.soumu.go.jp/iken/zaisei/card.html）

　一般会計、特別会計、普通会計、公営事業会計の関係を整理すると、一般会計と特別会計は地方自治法上の会計であり、普通会計と公営事業会計は統計上の会計という区分ができます。両者の関係を図示すると図

表10のようになります。

図表10　一般会計・特別会計と普通会計・公営事業会計

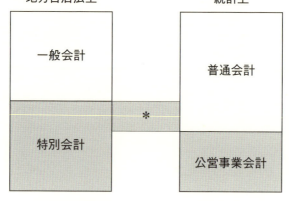

　＊　自治体が条例で設置した特別会計等が範囲が異なる原因となります。

> **本章のまとめ**
> - 一般会計とは自治体全般の収入・支出を記録するための中心となる会計であり、特定の事業（国民健康保険事業、上水道事業等）を行う場合には、法律又は条令により特別会計が設置され、区分経理がなされます。
> - 全国の自治体の財政を比較するため、地方財政統計上で用いられる会計区分として普通会計と公営事業会計があります。
> - 普通会計と公営事業会計の決算状況をまとめた「地方財政状況調査」（決算統計）があり、調査結果は毎年7月末に各自治体から総務省へ提出されます。決算統計をベースに各自治体の主な指標や数値を一覧にした決算カードが作成され、総務省のホームページで公表されています。

5章 会計報告の方法

> **本章のテーマ**
>
> 会計報告はだれが、いつ、だれに、どうやって、何のために報告するのかを解説していきます。

会計報告の目的

一般に、会計報告の基本目的には、次の2点が挙げられます。

> ・知りたい人に知らせる目的
> ・知らせる義務（責任）を果たす目的

(1) 知りたい人に知らせる目的

「会計報告の目的」というと、なんだか難しく聞こえますね。これを日常生活での身近な例で考えてみましょう。

誰でも「おつかい」の経験があると思います。おつかいで、牛乳を一本買ってくるようにお母さんに頼まれて、お金を1,000円預かったとします。あなたは近所のスーパーへ出かけて牛乳を買い、家へ戻るとまず何をするでしょうか。

そうです、お母さんに買った牛乳を見せて使ったお金を伝えます。これは、お母さんが「どんな牛乳を」「いくらで」買ってきたかという結果を知りたいからです。この、「知りたい人（お母さん）」に活動の結果を会計的な情報として伝えることが会計報告の1つ目の目的なのです。

これを、民間企業で考えてみましょう。

民間企業では、投資家から出資された資本を管理・運用することにより獲得した利益を投資家に分配します。企業は活動・運営を行うのに必要な資本を集めるために、利益を獲得することが組織目標になります。そして投資家は、この分配（＝配当）を目的に企業への投資を行うため、どれだけ配当を受け取ることが可能であるか、すなわち企業がどれだけ

利益を獲得したかという情報を必要としています。会計報告の目的を民間企業で考えると、「知りたい人（投資家）」に対して「企業がどれだけ利益を獲得したのか」という活動の結果を情報として知らせることであるといえます。

それでは、自治体ではどうでしょうか。自治体は、住民サービスを提供して住民福祉を向上させるために、地域住民から納税というかたちで財産の提供を受けます。このため、住民は納税によって自分が提供した財産が住民サービスにどのように使われたのかという情報を必要としています。会計報告の目的を自治体で考えると、「知りたい人（住民）」に対して「自治体がどれだけの住民サービスを実現できたのか」という活動の結果を情報として知らせることであるといえるのです。

(2)　知らせる義務（責任）を果たす目的

会計報告の2つ目の目的ですが、また「おつかい」の例で考えましょう。さきほどの例で、お母さんから牛乳を買ってくるようにおつかいを頼まれてお金を1,000円預かったあなたが、スーパーで200円の牛乳を買って、おつかいから帰ってきて、何も言わずに自分の部屋に入ってしまったらどうなるでしょうか。

「おつかいはどうなったの？　牛乳は買えたの？」「おつりはもらわなかったの？」とお母さんは心配するでしょうし、怒られてしまうかもしれません。おつかいを頼まれて引き受けた以上、あなたは牛乳を200円で買ったこと、おつりを預かっていることをきちんとお母さんに伝えなくてはいけませんね。これをきちんとお母さんに伝えることで、頼まれた結果をお母さんに伝える義務を果たすことができるのです。これが会計報告の2つ目の目的となります。

これも、民間企業と自治体で考えてみましょう。

投資家は企業に出資することで自分の資金の管理と運用を企業に任すことになり、任された企業経営者は投資家の利益のために行動した結果を投資家に対して報告・説明する責任があります。この責任は「会計」という形で投資家に報告することで果たすことができます。

これは自治体においても同様です。住民から財産を預かった自治体

は、預かった財産をどのように活用したのかを住民に対して報告・説明する責任があると考えられるからです。

受託責任と説明責任──公的説明責任と公会計

自分の財産の管理と運用を委託すると、これを受託した側は受託財産の管理・運用の権限委譲を受けて委託者の利益のために行動する責任が生じます。受託者は受託財産を誠実に管理するだけでなく、委託者の利益を最大にするよう、自己の能力を最大限活用して経営活動を行う責任を負います。これを「受託責任」といいます。

また受託者は、受託財産について、組織目標達成のために適切に管理・運用を行い、その結果がどうであったのかを、委託者に対して報告・説明する責任があり、このことを「説明責任」といいます。

この受託責任について、公会計における"意味合い"を考えてみましょう。住民は、公共サービスの提供を受けることを目的に、税金の納付というかたちで自分の財産を自治体に預けます。ここで自治体は預かった財産について、①住民が財産を預けた目的以外のものに使用しないこと、②預かった財産を効率的・有効的に活用する責任が生じます。この2つが公会計における受託責任です。さきほどの「おつかい」の例で考えてみると、「牛乳を買ってきて」と頼まれて預かったお金で、自分の欲しいお菓子を買ったり、おつりを失くして帰っては怒られてしまいますよね。このようなことをしないということが「受託責任」なのです。

住民の財産を預かった、受託者である自治体は、受託責任が正しく果たされていることを、委託者である住民に対して説明する必要があり、これが公会計における「公的説明責任」なのです。そして、この説明責任を果たすツールとして利用されるのが公会計なのです。

会計報告の利用者と求められる情報

企業会計における会計報告の利用者としては、現在の投資家である株主・債権者だけでなく潜在的な投資家（これから株式を購入しようとしている人達のことです）を含む企業外部の利害関係者が挙げられます。

投資家は企業の活動に不可欠な資金を提供している点で、特に重要な利害関係を有し、また、その他の利害関係者が必要とする情報の多くは株主・債権者と共通することを考慮して、現在の企業会計では投資家を中心とした会計報告書が作成されています。この会計報告書は、損益計算書と貸借対照表が中心とされ、投資家の意思決定に役立つ情報として、企業の経営成績および財政状態を明らかにすることを目的としています。

　また、企業会計には、序編でも触れましたが、財務報告だけでなく管理会計という領域があります。管理会計は、経営者や経営内部の管理者に対する会計情報の提供を目的とした会計で、それらの利害関係者の経営管理に役立つ会計情報を提供することを目的としています。

図表11　企業会計における会計報告の利用者と求められる情報

会計報告の利用者		必要とする会計情報
内部利害関係者	経営者	設備計画等の意思決定、利益計画等の業績評価など
外部利害関係者	株主・潜在的投資家	剰余金の配当および企業の収益性・安全性など
	債権者	債務返済能力および利息支払能力など
	従業員	企業の生産性や利益等と賃金・給与等の割合など
	税務当局	課税の適正化のための資料としての所得など

　一方、公会計ではどうでしょうか。公会計の報告対象は、自治体に財産を預ける住民です。また、住民により選ばれ"住民自治"を担う議会に対しても、自治体の状態を会計報告という形によって財政面から正しく伝える必要があります。さらに自治体に対してたくさんの資金貸付を行っている債権者に対しても、今後の返済能力を明らかにする必要があります。

　公会計における会計報告の利用者と求められる情報は、それぞれの自治体との関係によって異なり、図表12のようにまとめることができます。

図表12 公会計における会計報告の利用者と求められる情報

利用者	求められる情報
住民等（マスコミ、研究者等を含む）	自治体によるサービス提供の努力の過程、そのコスト及び成果についての情報
議会	財政機能の基礎となる財務数値に関する情報
債権者等	自治体の現在及び将来の債務償還能力、将来の歳入能力に関する情報

　また、公会計における会計報告として有用な情報となるためには、次のような要件を満たす必要があります。

① 　会計報告は自治体が公的説明責任を果たす義務を助け、かつ、会計報告利用者が自治体の公的説明責任を評価することを可能にするものでなくてはなりません。このために会計報告は次の点を明らかにする必要があります。

> ・当年度の収入が当年度の住民サービスを行うのに十分であったかどうか
> ・議会が採択した予算に従って資源が獲得され使用されたかどうか
> ・財務関連法規、契約要件等に準拠しているかどうか
> ・自治体が住民サービスを提供するためにどれだけ努力したのか

② 　会計報告は、その利用者がその年度中における自治体の運営成果を評価するために役立つものでなければなりません。そのために、会計報告は次の点を明らかにする必要があります。

> ・自治体がその活動のためにどのように資金を調達したのか
> ・調達した資金を、住民サービスにどのように配分したのか
> ・その年度の運営の結果として、自治体の財政状態が改善したか、それとも悪化したか

③ 　会計報告は、自治体が提供できるサービスの水準及びそのサービ

スを提供するために発生する債務を支弁する能力を、その利用者が評価するために役立つものでなければなりません。そのために、会計報告は次の点を明らかにする必要があります。

> ・自治体の財政状態
> ・自治体が所有する資産についてサービス提供能力を評価することができる情報
> ・資源に対する法律上または契約上の制約及び資源に対して偶然的に生じるさまざまなリスク（減少、消滅など）

会計報告の主体

　財務報告の主体をどのように確定するかによって、どの主体の、どの取引及び活動が会計報告主体の財務報告に含まれるかが確定するため、財務報告主体の確定は重要な論点といえます。少し難しくなりますが、頭の体操としてついてきてください。

　民間企業においては、会計報告の主体（entity といいます）とは、通常、法人である企業を指します。また、2つの主体間に支配と被支配の関係が成立している場合には、会計上、これを一体と考えて、連結した企業集団を報告の主体としています。

図表13　民間企業における会計報告主体

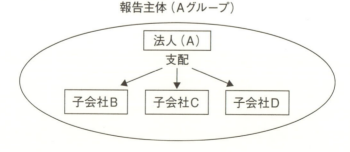

　一方、公的部門では、どの切り分けを会計報告の主体とするのか判断を要する場面が多くなります。例えば、自治体が報告主体となることに

問題はないにしても、自治体が抱える外郭団体・特別会計についてはどうでしょうか。

自治体は、多くの公営企業（事業）や第三セクター等を抱えています。現行制度では、上・下水道や運輸、病院などの公営企業は、それぞれ別個の主体として、母体の自治体と分離して財務報告がされていますが、これで、自治体の実態が把握できるでしょうか。会計報告の主体の範囲の決定は、そこから得られる会計情報の質を左右する非常に重要な問題である一方、一刀両断に切り分けることができない多様な現況ともあいまって、大きな論点となっています。

公会計の国際的な会計基準（国際公会計基準）を検討する国際会計士連盟公会計基準審議会は、政府の財務報告主体に関する研究報告で、「主体」とは「目的を達成するための資源を利用する権能を有する、法律、行政、もしくは信託上の協定、または他の組織的な機構もしくは者」としています。その上で、「財務報告の主体」とは、「その主体に関して、説明責任および意思決定のため自己に有用となる情報を、財務報告に依存する利用者の存在を想定するのが合理的となる主体」と定義しています。

つまり、公的部門の機構・団体等は、その財務報告の利用者が当然に見込まれる場合には、法律上の義務の有無に関わらず、会計報告の主体として財務報告を作成・開示すべきだとしています。逆に、現在法律により財務報告を義務付けられている主体でも、この定義に照らして必要性が認められなければ、報告主体に該当しない場合もあると述べています。

さらに、大部分の「主体」については、報告責任および意思決定のために、財務報告に依存する利用者が存在するかどうかは、容易に明らかになるとしています。

例えば、公会計においても、会計報告の主体を考えるにあたり連結という概念が生じます。

国際公会計基準においては、公的部門の連結範囲は「支配・所有概念」による判断を採用し、「支配」を「その活動から便益を得るため他の主体

の財務及び経営の方針を左右する権限」と定義して、「支配主体」に連結財務諸表の公表を義務付けています。

また、国際公会計基準では、ある主体と他の主体との間で、次の3つの条件が同時に成立する場合には、両者の間に支配・被支配の関係があるものと推定することとしています。

> ・主体は他の主体の活動から便益を得ているか。
> ・主体は他の主体の財務および経営の方針を左右する権限を有しているか。
> ・財務および経営の方針を左右する権限は現在行使できるか。

ここでは、「便益」を、配当・財産など経済的利益の分配に限定せず広義に解釈します。例えば、自己の目的を達成するため、他の主体に協力させる権限からも、主体は便益を得ることができるとされています。

会計報告の時期

民間企業においては、通常、事業年度が始まると毎月において月次決算を行い、予算と実績の差異分析（これを「予実分析」と言ったりします）を行ったうえで取締役会に報告します。会計年度末には、期末決算が確定した後、決算書を作成し取締役会の承認を得ます。そして、5月下旬から6月上旬に株主へ招集通知を発送し、6月下旬に定時株主総会を開催し決算報告・承認を受けます。

図表14　計画・予算と決算の流れ（3月決算の場合）

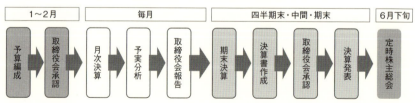

一方、自治体ではどうでしょうか。自治体の決算については、法第233条第1項において次のように規定しています。

> 第233条
>   会計管理者は、毎会計年度、政令の定めるところにより、決算を調製し、出納の閉鎖後三箇月以内に、証書類その他政令で定める書類とあわせて、普通地方公共団体の長に提出しなければならない。

ここで、記載される書類については、地方自治法施行令（政令）および地方自治法施行規則（総務省令）において内容と様式が詳細に定められています。また、決算の作成期限は、第3章で記載されている出納整理期間（4月1日～5月31日）閉鎖後3ヶ月以内と定められています。

図表15　決算の作成期限

また、同条第2項以下では、監査、議会・住民への公表義務を課しています。

> 第233条
> 2　普通地方公共団体の長は、決算及び前項の書類を監査委員の審査に付さなければならない。
> 3　普通地方公共団体の長は、前項の規定により監査委員の審査に付した決算を監査委員の意見を付けて次の通常予算を議する会議までに議会の認定に付さなければならない。
> 4　前項の規定による意見の決定は、監査委員の合議によるものとする。
> 5　省略
> 6　普通地方公共団体の長は、第三項の規定により議会の認定に付した決算の要領を住民に公表しなければならない。

自治体では、決算を作成した後に監査委員の審査に付し、監査意見を付けて、次の通常予算を議する会議までに議会の認定に付さなければならず、さらに住民への公表の義務が課せられています。
　これは、自治体の首長は、予算だけでなくその執行結果としての決算を作成し、評価・監督機関である議会に対して説明する責任を有しており、さらには住民により直接選出されているという意味において、住民に対する説明責任をも当然に有しているためです。
　また、地方自治法は普通地方公共団体の長に決算とは別に財政状況の公表を義務付け、次のように規定しています。

> 第243条の3
> 　普通地方公共団体の長は、条例の定めるところにより、毎年二回以上歳入歳出予算の執行状況並びに財産、地方債及び一時借入金の現在高その他財政に関する事項を住民に公表しなければならない。

　各自治体は、この規定に基づき、「財政のあらまし」「財政状況」「財政事情」等によって財政に関する情報を住民に公表しています。地方自治法においては、こうした歳入歳出予算の執行状況等に加えて、自治体の出資による公企業等についての経営状況に関して議会へ提出する義務も同条において次のように規定されています。

> 第243条の3
> 2　普通地方公共団体の長は、第221条第3項の法人について、毎事業年度、政令で定めるその経営状況を説明する書類を作成し、これを次の議会に提出しなければならない。

　上記規定にいう「法人」とは、地方住宅供給公社、地方道路公社および土地開発公社、さらに、民法第34条に規定する公益法人、株式会社および有限会社で当該自治体がそれらの資本金、基本金等の2分の1を出資しているか、または、その相当額以上の債務を負担しているものをいうとされています。

この章では、会計報告の方法について公会計と企業会計を適宜比較しながら、会計報告の目的、会計報告の利用者、会計報告に必要とされる情報、会計報告の主体、会計報告の時期について検討してきました。

　この章の内容をまとめると図表16のようになります。公会計と企業会計では、その目的・対象が異なることから、さまざまな点で特色があることがわかります。

図表16　公会計と企業会計の特色

	自治体	民間企業
会計報告の目的	①　知りたい人に知らせる目的 ②　知らせる義務（責任）を果たす目的	
組織目的	住民サービス提供、福祉向上	利益獲得
財務報告利用者	住民、議会、債権者、投資家	株主、債権者、投資家
必要とされる情報	・公的説明責任の遂行および評価可能な情報 ・年度内の自治体運営成果を示す情報 ・サービス水準およびサービス提供能力を評価することができる情報	・剰余金の配当および企業の収益性・安全性など ・債務返済能力および利息支払能力など ・設備計画等の意思決定、機関利益計画等の業績評価など
会計報告の主体（連結範囲の考え方）	・連結範囲は主たる報告主体の実質的支配力または影響力の及ぶ報告主体を包含	・支配関係にある連結企業集団
会計報告の時期	会計年度終了後、2ヶ月間の出納整理期間のさらに3ヶ月後を期限として決算を作成し、監査委員の審査後監査委員の意見を付して、通常予算を議する会議までに議会の認定を付して、総務大臣・知事に報告するとともにその要領を住民に報告する	（3月決算の企業の場合）会計年度末には、決算確定後決算書を作成し取締役会の承認を得たうえで、5月下旬から6月上旬に株主へ招集通知を発送し、6月下旬に定時株主総会を開催し決算報告・承認を受ける

> **本章のまとめ**
> ・会計報告の目的には、「知りたい人に知らせる目的（受託責任に基づく業績・活動報告目的）」と「知らせる義務（責任）を果たす目的（説明

責任に基づく義務解除目的)」があります。
- 会計報告の利用者ごとに、それぞれが求める会計情報の内容が異なります。これらの会計情報は、自治体の公的説明責任、運営成果、サービス水準およびサービス提供能力を評価するために有用なものでなければなりません。
- 民間部門における会計報告の主体（entity）としては、支配関係に基づく連結した企業集団が中心ですが、公的部門における会計報告の主体は、実質的支配力または影響力の及ぶ報告主体を財務報告の利用者の存在を想定して合理的に決定することが基本的な考え方です。

ちょっとひと休み
国際会計士連盟と国際公会計基準

　国際会計士連盟（IFAC）とは、世界の会計士団体により構成される国際機関です。1977年、日本を含む49か国63会計士団体を構成員として、会計専門職の発展を目指してニューヨークに設立されました。現在124か国、159以上の加盟団体を有し、250万人以上の職業会計士を代表する組織です。この連盟の理事会の下に国際公会計基準審議会（IPSASB）が組織されています。国際会計基準（IFRS）という言葉を聞かれたこともあると思いますが、国際会計基準は企業会計の基準であり、これの公会計版に相当する国際公会計基準（IPSAS）というものがあります。この国際公会計基準を検討しているのが国際公会計基準審議会で、日本からもメンバーが参加しています。

6章 会計と議会の関係

本章のテーマ

会計において議会の役割も大きなものがあります。その役目は何か、議会の開催スケジュールとあわせて解説します。

自治体における議会とは

議会の重要な機能として、自治体の基本的な事項を決定（議決）する機能と、執行機関を監視・評価する機能の2つがあります。

自治体の長と議会は、両者とも住民の直接選挙によって選ばれた住民を代表する機関ですが、長が独任制であるのに対して、議会は複数の代表で構成された合議制の機関であることに特徴があります。

図表17　自治体と議会

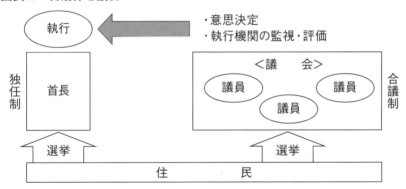

図表18　議会での審議の流れ

議会には、年度内に定期的に開かれる定例会と、特に必要があるときに開かれる臨時会とがあります。

本会議とは議員全員が話し合う会議のことをいい、本会議で決定されたことが、最終的な議会の決定となります。議案、その他議会の議決すべき事項は本会議で決定しますが、専門的に審査、調査をするために、議員がそれぞれに別れて話し合うため委員会が設置されています。委員会には、常任委員会・議会運営委員会・特別委員会があります。

議会の役割

議会の役割は、自治体の行政ニーズをきちんと把握して、それを行政施策に反映させるために住民生活の問題などについて調査・審議し、自治体としての意思を決定させることです。議会には、住民の代表として十分な活動が行えるよう、多くの権限が与えられています。

議会には主に図表19のような権限と役割があります。

図表19　議会の権限と役割

権　限	役　　割
議決	条例の制定・改正・廃止、予算の決定、決算の認定、主要な契約の締結など市政の重要な事項について協議すること
選挙、同意	副市町村長、監査委員などの選任に同意すること
請願・陳情の受理	請願・陳情を受理し、請願については、市議会として採択、不採択を決定すること
調査、検査	市の事務が議決どおり執行されているか検査したり、監査委員に監査を求め報告を請求すること
意見書の提出	市の公益に関する事件について、議会の意思を意見書としてまとめ、国をはじめとする関係機関に提出すること

団体意思の決定に関する議会の権限については、地方自治法第96条第1項において詳細に規定されています。

執行機関である首長の監視・評価に関する議会の権限については、地

方自治法第100条に基づく「100条調査権」(当該普通地方公共団体の事務に関する調査を行い、選挙人その他の関係人の出頭及び証言並びに記録の提出を請求することができる)や、地方自治法第98条第1項に基づく「検査権」(地方公共団体の事務に関する書類等を検閲し、首長等に報告を請求し、当該事務の管理、議決の執行及び出納を検査することができる)や同条第2項に基づく「監査権」(監査委員に対し、地方公共団体の事務に関し監査を求め、その結果の報告を請求することができる)などが、制度的に保障されています。また、議員個人の権限として、当該団体の行政事務全般について口頭で執行機関の見解を求めることができる「一般質問」が認められており、執行機関を監視するうえで重要な機能となっています。

　一方、地方分権の推進によって自治体の自主・自律がより一層求められることとなり、議会の政策形成機能の充実が重要になっています。議会は、議案の提案・修正、意見書・決議による議会意思の表明など政策決定における大きな権限を有していますが、いずれも議会に与えられた権限であり、その行使には議決が必要です。つまり、議員同士の議論が不可欠なのです。合議体である議会では、議員同士が大いに議論することによって、地域の課題や民意の十分な確認がなされ、これらの多様な意見を調整しながら合意形成に至ることで、より多くの住民が納得できる政策を形成することになります。

　上記の議会の役割のうち、会計と関係する議会の役割である、予算の決定および決算の認定について、これまでの章で概観した部分と多少重複する面もありますが、より詳細に見ていきたいと思います。

自治体の予算制度

ここからは自治体の予算制度について整理してみましょう。

○予算の種類

　自治体の予算には、当初予算と補正予算があります。「当初予算」とは文字どおり当初の予算で、その年度の基本的な予算であることから、本

予算または通常予算と呼ばれることもあります。会計年度の開始前の一定の日までに議会へ提出し、議会の議決を経て成立した予算をいいます。
　これに対して「補正予算」は、当初予算の調整後に年度の途中で事情が変化したり新しい事態に対応するために当初予算に追加またはその他の変更を加える予算をいいます。補正予算は必要に応じて年度内に何度でも組むことができます。地方議会は、年4回、通常3月、6月、9月、12月に定例会が開かれ、年度が進むにつれて変化する財政を取り巻く事情を予算に反映させるために、補正予算が組まれます。
　このほかにも、予算が年度開始前に成立する見込みのない時期等に編成される「暫定予算」というものがあります。これは義務的な経費を最低限度計上するにとどまり、政策的な経費はあくまで本予算の審議に委ねるものです。
　地方自治体の予算の内容としては、一般的には歳入歳出予算のことを指しますが、次の7つの項目から構成されています。
　①歳入歳出予算、②継続費、③繰越明許費、④債務負担行為、⑤地方債、⑥一時借入金、⑦歳出予算の各項の経費の金額の流用
　図表20は、これらの構成要素を簡単に説明したものです。

図表20　予算項目の内容

項　目	説　明
① 歳入歳出予算	予算の中心となるもので、歳入予算と歳出予算から構成されている。歳入予算は財源の見込みであるのに対して、歳出予算は見積もりであり議会が執行機関に支出を許容する限度額を示す。
② 継続費	各年度にわたって行われるような大規模工事の場合に、経費の総額と各年度の年割額を定めておく場合の経費のことで、継続費として定めておけば、継続費の継続年度まで順次繰り越して使用できる。
③ 繰越明許費	予算計上した経費のうち、年度内に支出が完了する予定のものであったが、予算成立後の事由により年度内支出が完了しないこととなった場合、翌年度に繰り越して使用することができる経費のこと。
④ 債務負担行為	①②③の項目以外に債務を負担する行為を行うために歳出予算に計上するもの。
⑤ 地方債	予算として起債の目的、限度額をあらかじめ定めておく必要があり、年度を超えて発行する長期の借入金的な性質を有するもの。
⑥ 一時借入金	予算で一定時における最高限度額を定めておく必要があるもので、一会計年度内に一時的な資金繰りのために借りる借入金のこと。
⑦ 歳出予算の各項の経費の金額の流用	予算は款項という順に分類されて設定され、相互に流用することはできないことが原則だが、予め予算で定めておく場合には、同一の款の中で項の間の流用が認められている。軽微なものや定型的なものは補正予算を組まずに便宜的に流用できるようにしたもの。

○**予算ができるまで**

　予算が作られる作業手順や時期は自治体によって少しずつ違っています。大きな流れとしては、図表21のようになっています。

図表21　予算作成のながれ

Step1	各部局課で翌年度の事業を検討し、予算要求の内容を決める

Step2	各部局課からの予算要求を受けて予算担当部局課で内容を検討し、首長と協議して予算の原案を作成する

Step3	議会で予算案を審議して議決する

　予算を作るためにまず、各部局課が翌年度に計画する事業を行うために必要な予算を要求する資料を予算担当の部局課に提出して、その要求内容が検討されます。各部局課からの予算要求が提出されるのは、自治体によりまちまちですが、おおよそ10月から12月の間です。この予算要求を受けて、予算担当部局課が予算の原案を作り始めます。まず始めに、各部局課から予算担当課の担当者が要求の内容について説明を聞きます。それから予算要求の内容について、どの程度政策判断が必要とされるかによって、段階的に決定していきます。予算を作るのは自治体の首長の役目（法第149条第2号）ですので、通常、予算担当課長、予算担当部長を経て、最終的に予算案の全ての内容が首長によって決定されます。この手続を予算査定といい、通常2月に行われ、3月の定例議会に予算案として提出されることになります。

○**予算のルール**

　自治体はさまざまな住民サービスを提供していて、複雑で膨大な数の事業を行っています。自治体が行う行政活動が予算を通して地域住民に理解されるよう、予算は地域住民に対してわかりやすいものであることが必要です。このために、現行の予算制度は次のようなルールを設けています。

① 　総計予算主義の原則

　　　1つの会計年度におけるすべての収入と支出を予算に計上しなけ

ればならないという原則です（法第210条）。総計予算主義は、純計予算主義に対応するものです。純計予算主義は、ある収入を得るために要した経費を控除した残額のみを歳入予算に計上するものをいいますが、現行の地方自治法が総計予算主義の原則を採用しているのは、収入と支出を相殺してその差額を予算に計上するよりも、すべての収入と支出を予算に計上することで、自治体のすべての活動を予算によってつかむことが可能になるからです。自治体は、住民が納めた税金を使って行政サービスを住民に提供するため、その基礎となる収入と支出をすべて明らかにすることは、住民に対する義務といえます。

② 単一予算主義の原則

すべての収入支出を単一の見積り表にまとめ、かつ予算の調整は1年度1回を適当とする原則を単一予算主義の原則といいます。この原則も、総計予算主義の原則と同様に、複雑膨大な予算を1つにまとめることによって全体として把握することができるようにしようとするものです。しかし、実際には一般会計及び特別会計の会計区分に従って編成され、さらに補正予算が作成されることもあり、この原則は制度上も遵守され得ないものとなっています。この原則は一般に予算の原則として挙げられますが、これを要請する法律規定はなく、また予算原則としての実益もありません。

③ 予算統一の原則

予算をわかりやすく、簡単に執行できるようにするためには、収入と支出が統一的、系統的に分類されていなければならず、予算には一貫した秩序が無ければならないとする原則を予算統一の原則といいます。自治体には多数の団体が存在することから、予算内容の区分についての一元的な方法が指示されなければなりません。自治体間の予算及びその執行の結果としての決算の比較及び評価がさまざまな観点と目的のために、この原則が必要とされています。

④ 予算の事前議決の原則

予算は自治体の一定期間における執行の見積りですから、住民の

代表で構成される議会の議決を経て、会計年度の始まりと同時に予算の効力を生ずるものでなければならないという原則を、予算事前議決の原則といいます（法第211条第1項）。

⑤ 会計年度独立の原則

これは既に説明しましたように、各会計年度（法第208条第1項）において支出する経費に充当する財源は、その年度の収入でなければならないという原則です。なお、例外もあったことも忘れずに。

⑥ 予算公開の原則

自治体の収入は住民の負担によって支えられ、支出は行政サービスとして住民に提供されますが、この収入と支出は住民に公開されなければならないという原則が、予算公開の原則です。地方自治法は、予算要領の公表（法第219条第2項）と財政状況の公表（法第243条の3第1項）を規定しています。

予算の執行と決算の承認

予算の執行とは、予算の定めるところに従って、収入と支出とを具体的に実行する行為で、執行権は自治体の長に属しています。予算執行の手続は、支出を例にとれば、図表22のようになります。

図表22　予算執行手続の流れ

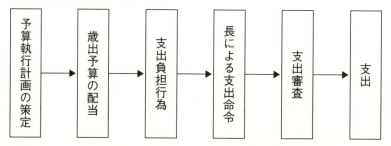

図表22における支出負担行為とは、契約や補助金の交付決定その他自治体の支出の原因となる行為をいいます。この支出負担行為に基づき支出命令が長から会計管理者に発せられると、会計管理者は、支出負担行為が適正に行われているかどうかを審査し、問題がない場合には支出を

行うことになります。

　自治体の会計年度は4月1日〜3月31日ですが、前述のとおり出納整理期間が設けられており、出納閉鎖後3ヶ月以内に、会計管理者は決算を調整して長に提出する義務があります。会計管理者から決算およびその付属書類の提出を受けると、長は、これを監査委員の審査に付し、監査委員の意見を付けて、次の通常予算を議する会議までに議会の認定に付さなければならないことになっています（法第233条）。

　なお、議会に提出される決算関係書類は図表23に掲げるものです。

図表23　議会に提出される決算関係書類

①	歳入歳出決算書（法第233条第1項）
②	歳入歳出決算事項別明細書（令第166条第2項）
③	実質収支に関する調書（令第166条第2項）
④	財産に関する調書（令第166条第2項）
⑤	主要な施策の成果を説明する書類（法第233条第5項）
⑥	監査委員の決算審査意見書（法第233条第3項）

　これらを簡単に説明すると図表24のとおりです。

図表24　議会に提出される決算関係書類の内容

項　目	説　　明
①　歳入歳出決算書	款項別に予算に対して歳入・歳出の執行額を明記し、予算と収入・支出それぞれの実績額との比較まで明示した決算書
②　歳入歳出決算事項別明細書	予算科目の款項の分類のみならず、目節までの小分類ごとに予算に対して歳入・歳出の執行額を明記した明細書
③　実質収支に関する調書	実質収支を明示した書類のことをいう。実質収支は次のように算定する 歳入総額−歳出総額＝歳入歳出差引額 歳入歳出差引額−翌年度へ繰り越すべき財源 　　　　　　　　　　　　　　　＝ 実質収支額 翌年度へ繰り越すべき財源は、継続費逓次繰越額（継

6章　会計と議会の関係

		続費の翌年度への繰越額）と繰越明許繰越額と事故繰越し繰越額（事故のために支出を翌年度に繰り越したもの）との合計額を指す
④	財産に関する調書	自治体の財産としての土地及び建物等の公有財産、物品等の現在高及び増減高を明示された書類のことをいう

　この章では、議会と会計の関係を説明してきました。自治体では、執行機関である首長が1年間の行政活動の計画について予算を作成し、また1年間の行政活動の結果について決算を作成します。この予算および決算は会計というツールによって作成されます。

　一方で、住民から選出された合議制の意思決定機関である議会は、首長の作成した予算および決算を承認・認定することで、執行機関である首長の監視・評価を行うという仕組みになっています。

図表25　予算・決算のしくみにおける首長と議会

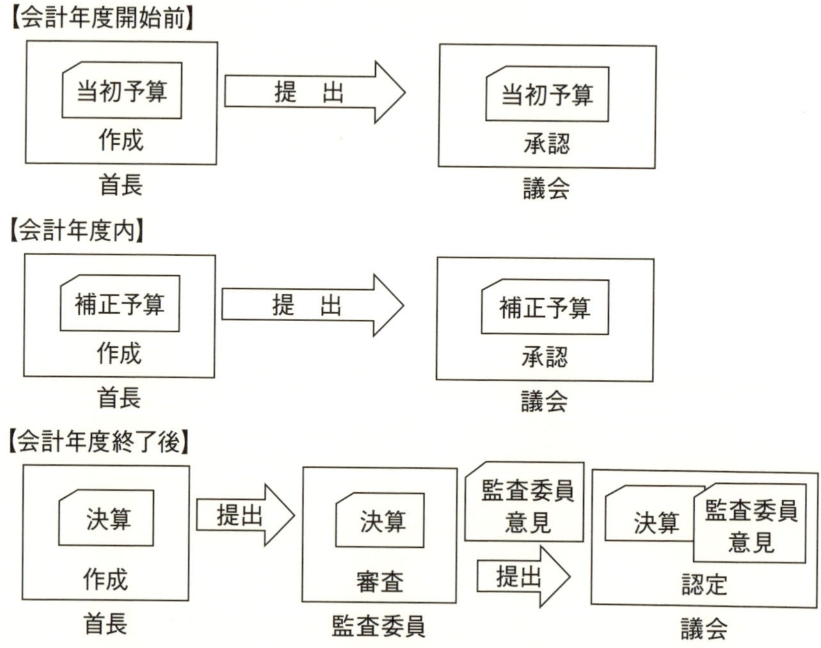

【会計年度開始前】
当初予算 作成（首長） → 提出 → 当初予算 承認（議会）

【会計年度内】
補正予算 作成（首長） → 提出 → 補正予算 承認（議会）

【会計年度終了後】
決算 作成（首長） → 提出 → 決算 審査（監査委員） → 監査委員意見 提出 → 決算 監査委員意見 認定（議会）

本章のまとめ

- 自治体の予算の種類には、「当初予算・補正予算・暫定予算」があり、予算の内容は、「歳入歳出予算、継続費、繰越明許費、債務負担行為、地方債、一時借入金、歳出予算の各項の経費の金額の流用」からなっています。
- 予算制度のルールには、総計予算主義の原則、単一予算主義の原則、予算統一の原則、予算の事前議決の原則、会計年度独立の原則、予算公開の原則などがあります。
- 行政の執行機関である自治体の長が行政活動の計画について予算を作成し、行政活動の結果を決算として作成します。住民の代表である議会は、自治体の長が作成した予算および決算を承認・認定することで、監視・評価を行います。

7章 | 会計情報のチェックは誰がするのか

> **本章のテーマ**
>
> 会計情報のチェックをする人・体制は法で決められています。監査委員制度、監査委員の業務（時期、内容）を解説します。

会計情報のチェックの担い手——監査委員

　これまで見てきたとおり、決算書は議会に報告され議決を受けます。この議会での議決を改めて考えてみると決算書が正しく作成されているかどうかではなく、決算書に記載されたお金の使い道が、それでよかったのかを議決しているといえます。それでは、決算書そのものが正しく作成されているか、決算書の正確性についてのチェックは誰が行っているのでしょうか。誰のチェックも受けることなく議会に報告されているようなことは、当然ですが、ありません。自治体には、自治体の業務が適切に行われているか、会計情報が正しく作成されているか等をチェックする専門の人がいます。決算書のチェックについては、決算審査というかたちで、その専門の人が審査を行い、正確性をチェックしています。それが監査委員なのです。

　監査委員は、地方自治法第180条の5で定められた自治体の執行機関の1つであり、自治体の財務や事務などの監査を行う機関です。監査委員は、他の行政執行機関から独立した立場で監査を行うことになります。

　また、監査委員は2人以上が選任されますが、それぞれが独立した機関であり独自に監査を行うことが可能です。ただし、監査の報告については基本的には監査委員の合議によりなされることになっています（法第199条第11項）。

　ここでは、監査委員の制度や業務内容について見ていきます。

監査委員の選任

（1） 資格要件（監査委員は誰でもなれるのか）

監査委員は誰でも彼でもなれるものではありません。監査委員は、人格が高潔で、自治体の財務管理、事業の経営管理その他行政運営に関し優れた識見を有する者（以下「識見委員」といいます）及び議員（以下「議選委員」といいます）のうちから、選任されることとされています（法第196条第1項）。また、監査の独立性を保つ観点から、監査委員は自治体の職員を兼ねることはできません（法第196条第3項）。チェックする人とチェックされる人とが同じではチェックの意味がありませんから当然ですね。

監査委員は、多ければ多いほど十分なチェックができていいようにも思いますが、そうもいきません。監査委員の定員は法律で定められており、都道府県、政令指定都市は4人、その他の都市の場合2人（条例で定めれば増加可能）ですが（第195条）、定員が4人の場合、議選委員の数は、2人または1人、定員が3人以内のときは1人に制限され、監査委員の半数を超える員数が議員となることはできません（法第196条第1項第2項）。これは監査委員監査の独立性、専門性を高めることを目的とするものです。まとめると図表26のようになります。

図表26　人数と識見委員

	都道府県・指定都市		その他の市町村
定員	4人		2人
議選委員	2人	1人	1人
識見委員	2人	3人	1人
内、職員等でなかった者	1人以上	2人以上（識見委員数－1以上）	―
内、常勤	1人以上		―

監査委員は、自治体の財務や事務・経営事業等の管理を、その執行機関が適切に執行して、効率的に運営されているかを監視する機関ですので、自治体の業務に対する知識はもちろんのこと、高潔な人格や監査上

の判断を行ううえでは、公正不偏の態度が求められています（法第198条の3）。そのため、他の業務との兼任を禁止し（法第196条3項）、また、首長等の近親者が監査委員となることが禁止されています（法第198条の2）。やはり身内同士ですと、公正なチェックができなくなるおそれがありますから、それを防止するためというわけです。

業務についての理解がなければ正しい判断はできませんし、公正に監査を行えない人には監査を任せることはできません。このため、監査委員に対し、専門的能力、高度な人格要件、公正不偏の態度（これを「精神的独立性」と呼んだりします）を求め、公正不偏の態度を損なわせないため、他の業務との兼業や近親者の就任の禁止（これを「外観的独立性」と呼んだりします）を求めているわけです。

また、監査委員の任期は4年となっており（法第197条）、職務上の義務違反などにより議会の同意のある場合を除き、その意に反して罷免されることはありません（法第197条の2）。これも、監査対象となった機関などの決定により不当な解任を受けるなどを防止するもので、監査委員の独立性を担保する規定となっています。

（2）代表監査委員

監査委員が3人以上の場合は識見委員のなかから1人を、監査委員が2人の場合にはそのうち識見委員を代表監査委員としなければならないと法律で決まっています（法第199条の3）。代表監査委員とはなんでしょうか。

監査委員は2人以上いますが、それぞれが独立した一機関であり、各監査委員がそれぞれで職務を行うことになっています。しかし、例えば監査委員に関する種々の庶務事項については、監査委員それぞれが対応するよりは、だれか1人が代表となって対応した方が効率的ということがあります。これが、代表監査委員制度の趣旨です。

そのため、監査委員の職務はあくまでも個々の監査委員がそれぞれ行うものであり、代表監査委員が個々の監査委員の職務を妨げることはなく、また、対外的に監査委員を代表した職務を行う性格のものでもありません。

図表27　代表監査委員

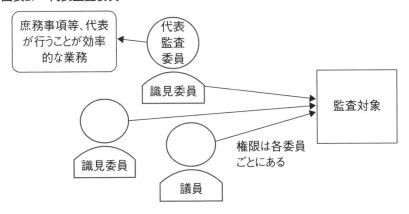

監査委員監査の内容

（１）　監査委員の職務権限（監査委員の業務内容）

決算書のチェック（決算審査）以外にも監査委員はいろいろな監査を実施します。監査委員の行う監査の種類は、自治体の財務管理、事業の経営管理、その他行政運営に関する事務・事業に関するものです。監査は、それぞれの事業がその趣旨に則って行われ、効果的かつ効率的に行われているか、といった視点で行われています。

監査委員の職務権限は、地方自治法や、地方公営企業法などに定められており、これら法律に列挙されたものに限られていますが、監査委員制度発足当時と比べ、その範囲は拡大されてきており、現状では図表28のような監査業務に係る権限が定められています。

図表28では３つの区分に分類していますが、地方自治法上においては明確な区分記載はありません。説明の便宜上、以下、この区分ごとに見ていくこととします。

（２）　法第199条に基づく監査

財務監査、行政監査、財政的援助団体等の監査と長の要求に基づく監査があります。このうち、長の要求に基づく監査は、次の他の機関の要求に基づく監査のところで触れます。また、財務監査には、定期（定例）監査と随時監査があります。

図表28　監査委員の職務権限

区分	職務権限		頻度
法第199条に基づく監査	財務監査	定期（定例）監査（法第199条第1項、第4項）	毎年1回以上
		随時監査（法第199条第1項、第5項）	必要と認める時
	行政監査（法第199条第2項）		必要と認める時
	財政的援助団体等の監査（法第199条第7項）		必要と認める時
他の機関や住民の要求に基づく監査	住民の直接請求に基づく監査（法第75条）		請求があった時
	議会の要求に基づく監査（法第98条第2項）		要求があった時
	長の要求に基づく監査（法第199条第6項）		要求があった時
その他付随的に与えられた権限に基づく監査	決算審査（法第233条第2項、公企法第30条第2項）		毎年1回
	例月出納検査（法第235条の2第1項）		毎月1回
	基金運用状況審査（法第241条第5項）		毎年1回
	住民の監査請求に基づく監査（法第242条）		請求があった時
	職員の賠償責任に関する監査（法第243条の2第3項）		地方公共団体に損害を与えたと認める時
	指定金融機関等の監査（法第235条の2第2項）		必要と認める時
	健全化判断比率等の審査（健全化法第3条第1項）		毎年1回
	資金不足比率の審査（健全化法第22条第1項）		毎年1回

① 定期（定例）監査

　定期（定例）監査とは、自治体の財務に関する事務の執行が適正かつ効率的に行われているか、また、経営に係る事業の管理が合理的かつ有

効に行われているかについての監査です。ここでの監査の主眼は、事務の合規性、財務の適正性、事業管理の合理性等にありますが、最近では、3E（経済性、効率性、有効性）の観点からの監査も行われています。

図表29　監査の視点

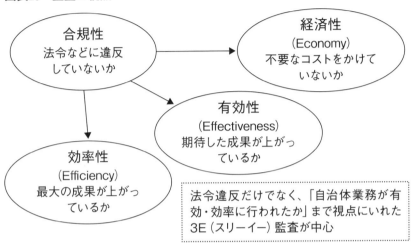

　定期（定例）監査は、少なくとも年1回以上期日を定めて行われます。この期日については監査委員の判断により決定されて行われるため、一概にどの期間でどのようにといった定めがあるわけではありません。例えば、9月は水道局、10月は出先機関など、それぞれ監査時期を決定し、年間を通して対象とした部局の監査を行っていくといったスケジュールが作成されます。各自治体によりスケジュールはさまざまですが、一例を挙げると、図表30のようになります。

　②　随時監査

　地方自治法第199条第5項では、監査委員は、定期監査のほか必要があると認めるときには、いつでも定期監査の規定に従って監査を行うことができる旨が定められており、この監査を随時監査といいます。準用する規定は定期監査と同じですので内容について大きな違いはありませんが、監査委員が必要と認めたときにいつでも行うことができる点で異なります。

図表30 監査スケジュール例

月	年間監査スケジュール			
8月	例月検査	【定期(定例)監査】	決算審査 基金運用 状況審査	健全化判断 比率等の審査
9月	例月検査	監査計画の策定		
10月	例月検査			
11月	例月検査			
12月	例月検査	監査の実施 前期以前監査 措置状況の検討	随時監査 行政監査等	
1月	例月検査			
2月	例月検査			
3月	例月検査			
4月	例月検査			
5月	例月検査	監査結果・結論の決定		
6月	例月検査			
7月	例月検査	監査結果の報告		
8月	例月検査			

③ 行政監査

上記①②の財務監査のほかに、監査委員が必要と認めるときは、自治体の事務の執行について監査をすることができ、これを行政監査といいます。

行政監査は平成3年の地方自治法改正までは監査委員の職務には無かったものですが、行政運営の公正性や能率性への住民の関心の高まりにより新たに監査委員の職務に加えられたものです。このような経緯から、行政監査では、上記の3E監査の視点が、財務監査よりもより強く求められます。

④ 財政的援助団体等の監査

地方自治法では、監査委員は、必要があると認める場合または長の要求がある場合には、財政援助団体の出納や財政援助に係る項目の監査をすることができると定めています（法第199条第7項）。

財政的援助団体とは、自治体が補助金、交付金、負担金などの財政的援助をしている団体のことをいい、自治体が出資している団体、借入金の保証を行っている団体、自治体の施設の管理を行っている団体なども該当します。

財政援助団体への補助金などは、当然自治体の財源より支出されています。このため、補助金が、目的に沿って適正に利用されているか、事業が出資等の目的に沿って適切に運営されているか、事業が効率的に行われているかなどについて監査を行う必要があるのです。

これは、親が子にお小遣いをあげて、その使い道がおかしくないかをチェックするようなイメージです。使い道が悪ければ、親としてはお小遣いをあげることをやめる、あるいは金額を下げるなどの対応を考えなくてはならないことと同じです。

図表31　法第199条に基づく監査

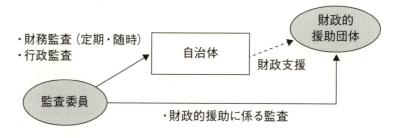

（3）　他の機関や住民の要求に基づく監査
① 　住民の直接請求に基づく監査

選挙権を持つ住民はその総数の50分の1以上の者の署名をもって、監査委員に対し自治体の事務、自治体の長、その他執行機関の事務の執行に関し、監査を要求することができます（法第75条）。住民からの請求があった場合には、監査委員は、直ちにその請求の要旨を公表し、監査を行う必要があります。監査の結果は、監査請求の代表者に通知し公表するとともに、議会、長、関係する委員会または委員に報告します。

② 　議会の請求に基づく監査

自治体のガバナンス機関として議会があります。このため、住民と同様、議会もそのガバナンス機能を発揮するため、必要と認められたときは監査を請求することができます。地方自治法において、議会は監査委員に対し、自治体の事務に関する監査を求めることができる旨が定められています（法第98条第2項）。

③ 　長の要求に基づく監査

地方自治法には、監査委員は、自治体の長から当該自治体の事務の執行に関して監査の要求があった場合、その要求に係る事項について監査をしなければならない（法第199条第6項）と定められており、自治体の長も、監査を請求できることになっています。長は自治体のいわば代表者であり、自治体の事務を監視する責任もあります。このため、長が監査を要求した際には、要求事項について監査を実施し、報告する必要があります。

図表32　要求・請求に基づく監査

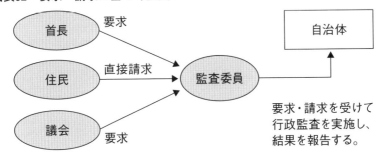

(4) その他付随的に与えられた権限による監査
① 決算審査・基金運用状況審査

第1編で見たとおり、会計管理者は、毎会計年度出納の閉鎖後3ヶ月以内に、自治体の決算書を長に提出する必要があります。そして長は、提出された決算書について監査委員の審査を付すことを求められており、監査委員は、決算書の審査を行うことになっています（法第233条第2項）。これが決算書のチェックにあたります。

決算審査では、決算書の数値が適正であるかの確認だけではなく、歳入歳出が予算に沿って適切かつ効率的に執行されたか、財務事務が適正に行われているか、財産の管理が適切に行われているかなどについても対象とすることがあります。

また、監査委員は、決算審査と同時に、基金運用状況審査を行います。自治体が条例の定めにより基金を設けている場合、自治体の長は、基金の運用状況を示す書類を作成することが求められ、これを監査委員が審査することになっています（法第241条第5項）。

② 例月出納検査

自治体の現金の出納について、毎月例日を定めて、監査委員が検査を行うことになっています（法第235条の2第1項）。

この検査は、主に、計数の確認、残高の確認が主眼となりますが、資金管理の状況や、出納事務の適正性についても対象とします。

③　指定金融機関等の監査

　監査委員は、必要があると認めるとき、または、自治体の長の要求があるときは、指定金融機関が取り扱う自治体の公金の収納又は支払の事務について監査することができます。

　この監査は、公金の出納や支払事務が法令や契約約定に基づき行われているかを主眼として行われます。

④　その他の監査

　上記のほかの監査委員の監査として、住民の監査請求に基づく監査（法第242条）があります。これは、自治体の長や職員等が不正を行った場合などに、これらを証明する書面を添え、監査委員の監査を請求するものです。

　これら地方自治法に定められる監査のほかに、「地方公共団体の財政の健全化に関する法律」（財政健全化法）に基づく審査があります。

　平成19年6月に公布された財政健全化法により自治体は、財政の健全性に関する指標を公表することとなり、この公表する指標が正しく算定されているかについて監査委員が監査を行うこととなっています（財政健全化法第3条、第22条）。

図表33　その他付随監査

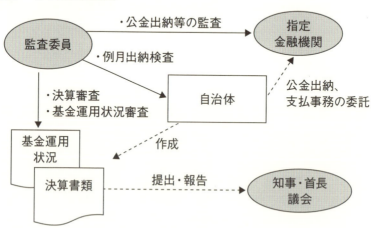

監査委員事務局

（1） 監査委員事務局の設定

監査委員の人数は先に述べたとおり、条例で別途定めが無ければ、都道府県や政令指定都市でも4人となっており、一定規模以上の自治体では上記全ての監査を4人だけで行うことは不可能です。また、比較的規模の小さい自治体といえどもかなり困難だといえます。

このため、監査委員を補助する目的で監査委員事務局がおかれることになっています。いわば、監査の実働部隊です。都道府県では監査委員事務局の設置が必須となり（法第200条第1項）、市町村においては条例で定めることで監査委員事務局が設置されます（同条第2項）。また、規模が小さい自治体で監査委員事務局を不要としても、全くの補助無しでは職務の遂行は困難ですので、監査委員のかわりに事務を補助させるため、書記その他の職員を置くことが定められています（同条4項）。

（2） 監査委員事務局の課題

監査委員事務局は監査の実働部隊として重要な役割を担っていますが、例えば、次のような点で課題があると言われています。

・監査事務量が多く、これに対し監査委員を補佐する職員が少ない。
・監査委員事務局の職員も他の職員と同様、数年ごとに異動となるため、監査委員事務局に、専門的知識や実務経験の蓄積がされにくい。
・監査委員事務局職員も監査対象となる部局の経験者であり、監査上の独立性が保てているかについて問題がある。

職員の異動は、自治体では通常行われており、人事制度の問題であると共に、ゼネラリストの育成や、癒着の防止などのメリットもあり、一概に否定されるべきものでもありません。しかし一方で、上記のような課題もあり、効果的かつ効率的な監査を行うためには、これらを解決していく必要があります。

解決方法の一例としては、監査委員監査について、外部の独立した専門家への委託や、監査委員監査について専門家から技術指導等を受けるなどの方法が挙げられます。

本章のまとめ

- 自治体の財務や事務などの監査を行う機関である監査委員は、議選委員と識見委員から成り、うち1名を代表監査委員に選任します。監査委員の任期は4年で、精神的独立性および外観的独立性が求められています。
- 監査委員監査の内容には、法第199条に基づく監査（財務監査、行政監査、財政援助団体等の監査）、他の機関や住民の要求に基づく監査（住民の直接請求に基づく監査、議会の要求に基づく監査、長の要求に基づく監査）、その他付随的に与えられた権限に基づく監査（決算審査、例月出納検査、基金運用状況審査等）があります。
- 監査委員を補助する監査の実働部隊として、都道府県では法令の定めにより、また、市町村においては条例で定めることにより、監査委員事務局が設置されます。

8章 会計情報は何に活かされるのか

本章のテーマ

せっかく作った会計情報はどのように使われるのでしょうか。報告目的を中心に、予算とその執行状況を報告するものであることを解説します。

会計情報の行方

これまでは、作成された決算書が監査委員によってチェックされ、議会に報告されるところまでを見てきました。では、議会に報告された後、この決算書すなわち会計情報はどうなるのでしょうか。ここでは、公会計における会計情報として、予算と決算を対象として説明します。予算と決算という会計情報が、会計情報の利用者である住民、議会及び行政担当者（首長などの執行機関）にとってどのようなニーズのもとにどのように利用されているかを整理して説明します。その際、そもそも会計情報の目的とはどんなものかについても合わせて見ていくことにします。

予算の機能

予算は、すでに述べたように首長などの執行機関が、行動計画・政策を編成・策定し、それを財政的に一会計年度の収入（歳入）と支出（歳出）として見積もり、議会の承認を受けたものです。

予算は、次のような機能を有しています。

- 予算は一会計年度の経費とその財源を示した財政上の計画として、歳入・歳出を体系的に種類・目的・性質に応じて整理したものであり、自治体（議会及び行政担当者（首長などの執行機関））の1年間の行動計画・政策を財政面から明確にする役割を有したもの
- 予算は、財務規則（自治体の予算、収入、支出、決算等の財務に

> 関する規則を定めたもの）に基づいて作成されるものであり、議会の議決を経て成立するものであることから、財政の主権者である住民の代表者である地方議員より構成される議会のチェックにより統制されるものであること

このように予算は、自治体（議会及び行政担当者（首長などの執行機関））が一会計年度に実施しようとしている行動計画・政策を財政的な側面から明らかにしたものです。言い換えれば行動計画・政策に必要な資金の裏づけが付託されたものであり、執行権を有する行政担当者（首長などの執行機関）に執行の義務と責任を課し、議会を通じて間接的に住民がコントロールする機能を有するものであるといえます。

決算の機能

決算は、策定された予算の一会計年度の執行状況の実績を計数で示した表のことをいいます。自治体における決算は、財政運営の中心である歳入歳出について、これを調製し、出納整理期間閉鎖後3ヶ月以内にまとめ、議会の認定を受け、その要領を住民に公表されるものです。

決算は、次のような機能を有しています。

> ・決算は、予算執行の結果としての実績を明らかにすることにより、自治体に付託された行動計画・政策の結果を財政的に明らかにし、受託責任を明確にする役割を有したものであること
> ・決算は、住民より選出された地方議員より構成される議会の認定を受け、その要領を公表することにより、予算執行が予定通り実施されたか、収入が確実に確保されたか等を明らかにし、議会・住民の意思決定の判断材料となるものであり、自治体（行政担当者（首長などの執行機関））の行動計画・政策に対する統制をするものであること

このように決算は、予算が一会計年度における行政活動の予定を示すものであるのに対し、行政活動の総まとめとして収入・支出の実績を示

すことで、自治体に付託された財政上の責任を明確化するとともに、議会及び公表を通じて住民がコントロールする対象としての機能を有するものであるといえます。

予算と決算の関係は PDS サイクル関係

これまで説明してきたとおり、予算は、確保すべき収入を見積もり、支出として効率的に行政サービス活動、施設設備の改善や充実に充てるか等の見積もりを行い、行動計画・政策を財政的に示したものであり、その予算の執行による実績を取りまとめたものが決算となります。そのため、予算と決算は計画・見積とその結果・実績という表裏一体の関係を有し、住民から自治体に付託された責任を明確にするもので本質は同じものといえます。

予算と決算は、自治体の行財政運営の方針である PDS サイクルという経営サイクルと深く結びついています。PDS サイクルとは Plan（計画）、Do（実行）、See（確認）の頭文字をつなげたもので、計画から実行、評価、改善までをひとつのサイクル（輪）として、それをさらに次の計画につなげていくことで、継続的に行政サービスを実行、改善をしていく仕組みのことをいい、一言でいえば、政策を計画し実行したものを評価し改善していく仕組みということができます。

このサイクルを予算・決算との関係で捉えるならば、各年度の年間の行動計画・政策（Plan）を決め、それを財政的に明らかにした予算に反映し、それが実行され予算執行（Do）された結果が決算という形で反映されることになります。そして予算、決算の比較等を通じて当期の政策の実施結果の評価・分析（See）を行い、政策の改善、他の代替的政策の検討等を行います。さらに評価・分析の結果は次期の計画へと反映され、また次年度の予算に反映されていくというサイクル関係が生じます。

これらの関係を、図で示すと図表34のとおりとなります。

図表34　予算・決算のPDSサイクル

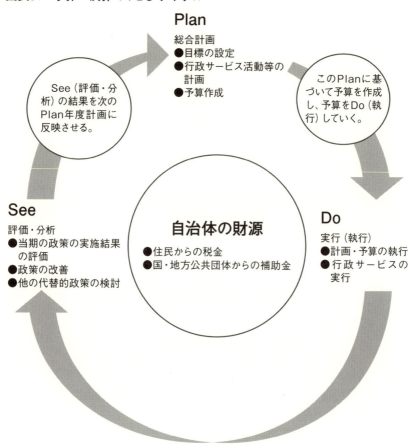

さらに、以上のような予算と決算の関係を対比表に示すと図表35のとおりとなります。

図表35 予算・決算の対比

項目	予算	決算
定義	一会計年度の収入支出の見積であり議会の承認を受けるもの	一会計年度の収入支出の実績であり議会の認定を受けるもの
構成内容	① 歳入歳出予算 ② 継続費 ③ 繰越明許費 ④ 債務負担行為 ⑤ 地方債 ⑥ 一時借入金 ⑦ 歳出予算の各項の金額の流用	① 歳入歳出決算書 ② 歳入歳出決算事項別明細書 ③ 実質収支に関する調書 ④ 財産に関する調書
機能	・自治体の一会計年度の行動計画・政策を財政面から明確にする ・住民によるチェック統制対象となる	・予算執行結果を財政的に明らかにし住民からの受託責任を明確にする ・住民によるチェック統制対象となる
関係	・計画・見積とその結果・実績という表裏一体の関係 ・住民から自治体に付託された責任を明確にするもので本質は同じ関係 ・PDSサイクル関係	

会計情報は具体的にどのように活かされているか

例えば、予算と決算（特に決算）は、いわゆる財政健全化指標の算定のベースとなり、この指標により財政の健全性を図ることに活用されています。

また、従来より経常収支比率等の財務分析を通じて各自治体の財務収支能力の判定に用いられています。

（1） 財政健全化指標への活用

① 財政健全化指標

会計情報は財務健全化の指標を作成し、財政状態を判断する際にも決算情報を通じて利用されることになります。

平成19年6月に「地方公共団体の財政の健全化に関する法律」が成立

し、平成21年4月から本格的に施行されました。この法律では、自治体の財政健全化の判断比率として、実質赤字比率、連結実質赤字比率、実質公債費比率、将来負担比率の4つの指標と地方公営企業の資金不足比率の指標が示されており、これまでの制度の次の問題点を改善すべく制定されたものです。

- わかりやすい財務情報の開示がなされていなかったこと
- 事前の早期是正機能がないこと
- 整備された財政指標がなく議会への報告や住民への公表の仕組みがないこと
- 自主的な財政の早期健全化及び再生のための新制度がないこと
- フローに着目された指標はあるが、ストックに着目された指標がないこと
- 公営企業や第三セクターの会計も対象にした地方公共団体の財政の全体像を示した指標がないこと

これらの指標の概要は、次のとおりとなります。

○実質赤字比率

当該自治体の一般会計等を対象とした実質赤字額の標準財政規模に対する比率であり、以下の算式により算定されます。標準財政規模は、地方税、普通交付税、各種譲与税等の一般財源の総額のことで、自治体において通常収入が見込まれる一般財源の規模のことです。

$$実質赤字比率 = \frac{一般会計等の実質赤字額}{標準財政規模}$$

- 一般会計等の実質赤字額：一般会計及び特別会計のうち普通会計に相当する会計における実質赤字の額
- 実質赤字の額＝繰上充用額＋（支払繰延額＋事業繰越額）

○連結実質赤字比率

当該自治体の全会計を対象とした実質赤字額又は資金の不足額の標準財政規模に対する比率であり、以下の算式により算定されます。

$$連結実質赤字比率 = \frac{連結実質赤字額}{標準財政規模}$$

・連結実質赤字額：イとロの合計額がハとニの合計額を超える場合の当該差額
　イ　一般会計及び公営企業（地方公営企業法適用企業・非適用企業）以外の特別会計のうち、実質赤字を生じた会計の実質赤字の合計額
　ロ　公営企業の特別会計のうち、資金の不足額を生じた会計の資金の不足額の合計額
　ハ　一般会計及び公営企業以外の特別会計のうち、実質黒字を生じた会計の実質黒字の合計額
　ニ　公営企業の特別会計のうち、資金の剰余額を生じた会計の資金の剰余額の合計額

○**実質公債費比率**
　当該自治体の一般会計等が負担する元利償還金及び準元利償還金の標準財政規模に対する比率であり、以下の算式により算定されます。

$$\text{実質公債費比率（3ヶ年平均）} = \frac{(地方債の元利償還金＋準元利償還金) - (特定財源＋元利償還金・準元利償還金に係る基準財政需要額算入額)}{標準財政規模 - (元利償還金・準元利償還金に係る基準財政需要額算入額)}$$

・準元利償還金：イからホまでの合計額
　イ　満期一括償還地方債について、償還期間を30年とする元金均等年賦償還とした場合における1年当たりの元金償還金相当額
　ロ　一般会計等から一般会計等以外の特別会計への繰出金のうち、公営企業債の償還の財源に充てたと認められるもの
　ハ　組合・地方開発事業団（組合等）への負担金・補助金のうち、組合等が起こした地方債の償還の財源に充てたと認められるもの
　ニ　債務負担行為に基づく支出のうち公債費に準ずるもの
　ホ　一時借入金の利子

○将来負担比率

　地方公社や損失補償を行っている出資法人等に係るものも含め、当該自治体の一般会計等が将来負担すべき実質的な負債の標準財政規模に対する比率であり、以下の算式により算定されます。

$$将来負担比率 = \frac{将来負担額 - (充当可能基金額 + 特定財源見込額 + 地方債現在高等に係る基準財政需要額算入見込額)}{標準財政規模 - (元利償還金・準元利償還金に係る基準財政需要額算入額)}$$

- 将来負担額：イからチまでの合計額
  - イ　一般会計等の当該年度の前年度末における地方債現在高
  - ロ　債務負担行為に基づく支出予定額（地方財政法第5条各号の経費に係るもの）
  - ハ　一般会計等以外の会計の地方債の元金償還に充てる一般会計等からの繰入見込額
  - ニ　当該団体が加入する組合等の地方債の元金償還に充てる当該団体からの負担等見込額
  - ホ　退職手当支給予定額（全職員に対する期末要支給額）のうち、一般会計等の負担見込額
  - ヘ　地方公共団体が設立した一定の法人の負債の額、その者のために債務を負担している場合の当該債務の額のうち、当該法人等の財務・経営状況を勘案した一般会計等の負担見込額
  - ト　連結実質赤字額
  - チ　組合等の連結実質赤字額相当額のうち一般会計等の負担見込額
- 充当可能基金額：イからヘまでの償還額等に充てることができる地方自治法第241条の基金

○資金不足比率

　公営企業会計ごとの資金不足額の事業規模に対する比率であり、以下の算式により算定されます。

$$資金不足比率 = \frac{資金の不足額}{事業の規模}$$

・資金の不足額：

　資金の不足額（法適用企業）＝（流動負債＋建設改良費等以外の経費の財源に充てるために起こした地方債の現在高－流動資産）－解消可能資金不足額

　資金の不足額（法非適用企業）＝（繰上充用額＋事業繰越額等＋建設改良費等以外の経費の財源に充てるために起こした地方債現在高）－解消可能資金不足額

　※解消可能資金不足額：
　　事業の性質上、事業開始後の一定期間構造的に生じる資金の不足額がある場合において、資金の不足額から控除する一定の額。
　※宅地造成事業を行う公営企業については、販売用土地に係る流動資産の算定等に関する特例がある。

・事業の規模：

　事業の規模（法適用企業）＝営業収益の額－受託工事収益の額

　事業の規模（法非適用企業）＝営業収益に相当する収入の額－受託工事収益に相当する収入の額

　※指定管理者制度（利用料金制）を導入している公営企業については、営業収益の額に関する特例がある。
　※宅地造成事業のみを行う公営企業の事業の規模については、「事業経営のための財源規模」（調達した資金規模）を示す資本及び負債の合計額とする。

　先の説明で、「一般会計等」や「全会計」といった言葉が出てきました。これらの指標はそれぞれで計算の対象としている範囲が異なっています。それぞれの範囲を図で示すと図表36のようになります。

図表36　財政健全化指標の範囲

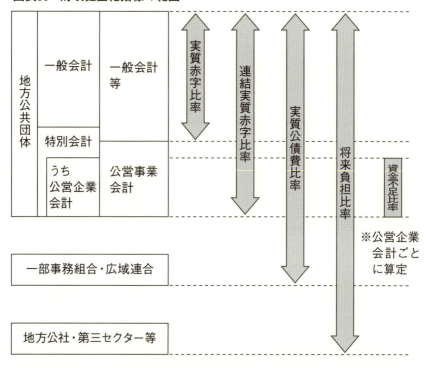

　自治体には、これらの指標を毎年算定して公表することが義務付けられています。また、指標が正しく算定されているかについて、監査委員（「７．会計情報のチェックは誰がするのか」参照）が審査することになっています。

②　財政健全化基準と財政再生基準

　これらの指標が一定の数値以上になると財政状況が厳しいと判断され、財政に関する将来の計画を策定することが義務付けられます。一定の数値（基準）を表で示すと図表37のとおりです。

図表37　財政健全化の判断基準

	早期健全化基準		財政再生基準	
	道府県	市区町村	道府県	市区町村
実質赤字比率	3.75%	財政規模に応じて	5%	20%
連結実質赤字比率	8.75%	財政規模に応じて	15%※	30%※
実質公債費比率	25%		35%	
	都道府県 指定都市	市区町村		
将来負担比率	400%	350%		
	経営健全化基準			
資金不足比率（公営企業ごと）	20%			

※連結実質赤字比率については、平成21年度〜23年度の3年間は経過的な基準が設けられています。
　道府県：25%→25%→20%
　市町村：40%→40%→35%
　東京都は別途の基準が設定され、同時に経過措置も設けられます。

　早期健全化基準を超えると、早期健全化団体ということで、財政の健全化に向けた自主的な改善努力による早期の取り組みが求められます。具体的には以下のことが求められています。
・財政健全化計画の策定（議会の議決）、外部監査の要求の義務付け
・実施状況を毎年度議会に報告し公表
・早期健全化が著しく困難と認められるときは、総務大臣又は知事が必要な勧告を実施

　まず、財政健全化のための計画を策定する必要があります。そのためには、どうして指標の数値が悪化したのか（どうして財政健全化団体になってしまったのか）について、正しく原因分析をする必要があります。その分析をするために外部監査が導入されています。外部からの視点による分析により、より厳しく、より適切な原因分析が可能となり、目的

図表38　早期健全化の手続

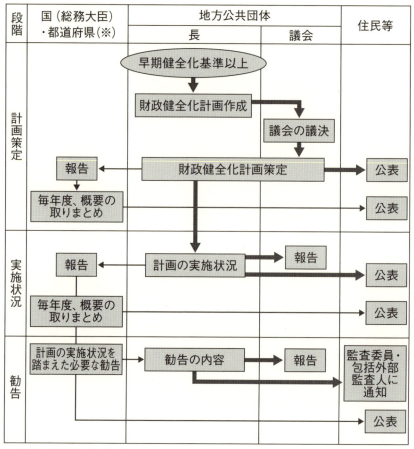

※市町村（指定都市を除く）・特別区の財政の早期健全化の場合は、都道府県知事が行う。

に適合した健全化計画の策定を可能とすることを担保しています。指標の算定からの事務等の流れを時系列で見ると図表38のとおりです。

　財政健全化基準では、基本的に自治体の自主的な改善努力で財政健全化に向けた取り組みが行われます。しかし、指標が財政再生基準を超えると、早期健全化団体より厳しくなり、自主的な改善努力ではなく国等が関与して再生に向けた取り組みが行われます。具体的には以下のこと

が求められます。
・財政再生計画の策定（議会の議決）、外部監査の要求の義務付け
・財政再生計画は総務大臣に協議し、同意を求めることができる
　【同意無】
　災害復旧事業等を除き、地方債の記載を制限
　【同意有】
　収支不足額を振り替えるため、償還年限が計画期間内である地方債（再生振替特例債）の起債可
・財政運営が計画に適合しないと認められる場合等においては、予算の変更等を勧告

　財政再生に向けた財政再生計画の策定とその基となる外部監査の導入は早期健全化基準と同様です。ただし、財政再生計画は総務大臣と協議し、同意を求めることができるとなっており（財政健全化法15条）、この同意の有無で自治体の財政計画も左右される形になっています。早期健全化基準同様、指標の算定からの事務等の流れを時系列で見ると図表39のとおりです。

（2）　その他財務分析指標としての利用

　会計情報は、従来より決算を通じて、民間企業の財務分析と同様に財務分析が実施され、自治体の財政状況の健全性の分析に利用されています。

　従来より用いられてきた分析指標をいくつか見ていきます。

○**財政力指数**

　地方公共団体の財政力を示す指数で、基準財政収入額を基準財政需要額で除して得た数値の過去3年間の平均値です。財政力指数が高いほど、普通交付税算定上の留保財源が大きいことになり、財源に余裕があるといえます。これは、以下の算式により算定され、過去3年間の平均値を用います。

$$財政力指数 = \frac{基準財政収入額}{基準財政需要額} \times 100$$

図表39 財政再生の手続

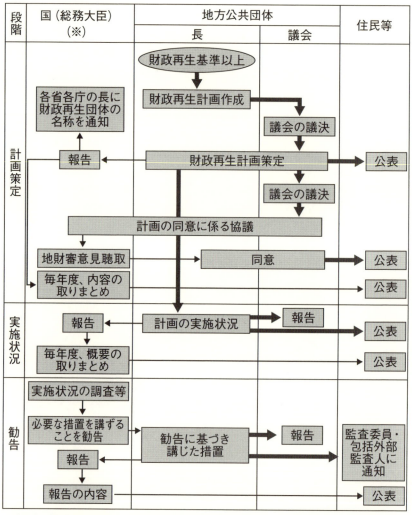

※市町村（指定都市を除く）・特別区の財政の再生の場合は、都道府県知事を経由。

○実質収支比率

実質収支額に対する標準財政規模の比率のことで、次の算式によって算出されます。この比率の負の値（すなわち実質収支額がマイナスに

なった場合）が、財政健全化法における実質赤字比率となります。

$$実質収支比率 = \frac{実質収支額}{標準財政規模} \times 100$$

・実質収支＝歳入決算額－歳出決算額－翌年度に繰り越すべき財源

○**経常収支比率**

使途が特定されておらず、毎年度経常的に収入となる財源のうち、毎年度経常的に支出される経費に充当されたものが占める割合であり、これは、以下の算式により算定されます。この比率が高いほど、財政の弾力性が低い（財政の自由度が少ない）といえます。

$$経常収支比率 = \frac{経常経費充当財源}{経常一般財源総額} \times 100$$

以上のような分析指標による分析を用いて、次の点を明確にすることが可能となります。

・各指標の時系列分析を行い、財政状況を時系列で捉え、財政構造の変化を分析する。
・人口や団体規模が同程度の類似団体との比較をして分析する。
・財政指標から財政上のウイークポイントを把握する。

> **本章のまとめ**
> - 予算の機能は、自治体の行動計画・政策の予定を財政的な側面から明らかにすることにあり、決算の機能は予算執行後の行動計画・政策の結果を財政的な側面から明らかにすることにあります。
> - 予算および決算は、自治体の行財政運営の経営サイクルとして、PDSサイクル（Plan（計画）、Do（実行）、See（確認））と深く結びついています。
> - 予算および決算の会計情報は財政健全化法に基づく財政健全化指標に活用され、各自治体の財政健全化の判断基準として、早期健全化・財政再生化などに利用されています。また、民間企業の財務分析と同様に、自治体の財政状況の健全性の分析に利用されています。

ちょっとひと休み
基準財政収入額と基準財政需要額

　地方交付税は文字通り、国から地方へ交付される（分配される）税金です。国税として国が徴収した税金から一定割合分が地方へ交付されます。この交付税（普通交付税）の額を算定するために用いられるのが基準財政収入額と基準財政需要額です。

　地方交付税は、簡単に言うと地方が地方税として自ら徴収した税金だけでは、地方行政の経費を賄えない場合の補填財源として国から交付されるものと言えます。したがって、地方において足りないとされる額を交付することが基本です。では、足りない額はどのように計算されるのでしょうか。そこで出てくるのが、基準財政収入額と基準財政需要額です。

　基準財政収入額は標準的な状態において徴収が見込まれる税収入のことをいい、一定のルールに沿って計算されます。平たく言うと、通常であれば、これくらいの税収があるという金額を意味しています。一方、基準財政需要額はその反対で、標準的な状態において、合理的な行政活動が行われる際に見込まれる支出額のことをいい、基準財政収入額同様、ルールに沿って計算されます。通常であれば、これくらいの支出があるという金額を意味しています。

　通常の状態で入ってくる収入額と支出額とを比較し、支出額が収入額を超過していると「足りない」ということになり、この不足分が交付税として交付される額となります。逆に収入額が支出額を超過している（足りている）と、不足がないため交付税は交付されません。このような団体のことを不交付団体と呼んでいます。現在では、東京都を始め、税収等が豊かな自治体が不交付団体となっています。

　上記、実質公債費比率の算定数式に「基準財政需要額算入額」という言葉がありました。これは、基準財政需要額、すなわち「通常であればこれくらいの支出がある」という支出の中に含まれる（算入される）額のことを言います。実質公債費比率のところで見ますと、地方債を償還する際の支出を、「通常であればこれくらいの支出がある」の支出に含める、ということを意味しており、「交付税で措置される」と言ったりします。

9章 公会計の問題点（官庁会計の限界）

> **本章のテーマ**
>
> 公会計だけで、財政の状態がすべて把握出来るのか、出来ないのかを検討します。過去、将来の情報がない（単年度収支）ことの不便さや、ストック情報、フルコスト情報、連結情報の欠如について解説します。

単式簿記・現金主義会計

　現行の公会計（官庁会計）は、単式簿記・現金主義会計によっています。「単式簿記」とは、1つの取引について、1つの側面からのみ記録する会計のことをいいます。また、「現金主義会計」とは、現金の収入・支出という事実に基づいて記録する会計のことをいいます。このため、「単式簿記・現金主義会計」とは、現金の収入・支出という事実を1つの側面から記録する会計のことをいいます。これはちょうど家計簿やお小遣い帳のイメージに近いものです。

単式簿記・現金主義会計の問題点

（1）　ストック（残高）情報の把握の困難性

　現行の公会計（官庁会計）は、単式簿記・現金主義会計に基づいて現金収支の動きを捉えたものであり、予算の執行や現金収支の把握には適しています。しかし、例えば借金の増加や積立金の取崩しが収入としてのみとらえられるなど、資産や負債の増加・減少の結果としてのストック（残高）情報が認識されないため、全体的な財政状況がわかりにくいという問題点があります。

　例えば、自治体が学校の校舎を1億円を支払って新たに建設した場合、単式簿記・現金主義会計では「学校の校舎を建設するために現金1億円を支出した」という記録がされるのみで、学校の校舎という資産の増加は当該支出記録と一体的には記録されません。このため、ストック（残

高）情報は別途に現物管理として記録される公有財産台帳に記録されます。また、学校の校舎を取り壊した場合には、解体手数料の支払等があれば、その支出に関する情報は記録されますが、学校の校舎という資産が減少したことはやはり当該支出記録と一体的には記録されません。

図表40　単式簿記・現金主義の記録例1
　例：学校の校舎を1億円支払って建設した。

　また、近い将来、自治体でも定年退職者が増えることが予想されますが、この影響により退職金の支払も自ずと増加することが考えられます。このような将来の退職金支払の増加に関する現時点での負担額というものは確実に存在しているわけですが、単式簿記・現金主義会計では実際の退職金の支払という現金の支出がないと記録されないため、把握することができません。

図表41　退職手当の負担推移

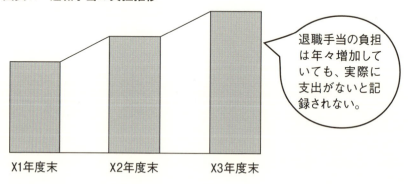

このように従来の公会計（官庁会計）では、ストック（残高）情報の把握は困難であるといえます。

（２）　フルコスト情報の把握の困難性

単式簿記・現金主義会計では、現金の収入・支出がないと記録されないため、現金の収入・支出を伴わない経済的に価値があるもの、あるいは経済的な負担の増加・減少が記録されません。

例えば、資産価値の減少に伴う資産の減価償却費や将来の経済的負担である退職手当負担額の当年度増加分は、現金の支出を伴わないため、コストとして把握されないことになります。学校の校舎の例で見ますと、学校の校舎はその使用期間に応じて徐々に老朽化し、経済的価値が低下しますが、現行の公会計（官庁会計）では、このような校舎が老朽化した分はコストとして把握されず、校舎の建設時に支出した金額が現物管理としての公有財産台帳に支出額として記録されるだけになります。

図表42　単式簿記・現金主義の記録例２

図表43　建物の減価償却費

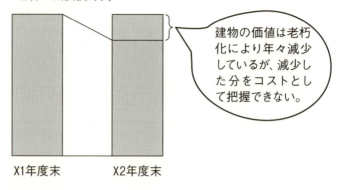

連結情報の欠如

　第1編第4章「一般会計・特別会計と普通会計・公営事業会計」で見たように、現行の公会計（官庁会計）では一般会計や特別会計といった会計ごとに決算が行われています。このため、例えば、自治体が出資している外郭団体等の決算の影響は一般会計や特別会計には反映されません。

　しかし、行政サービスの提供は、自治体だけでなく、自治体が設立した関係団体とも併せて実施されています。このため、自治体の決算書を作成するだけでは、必ずしも行政サービス実施主体の財政状況の全体像を表しているとは言えません。

　例えば、自治体が出資・運営している外郭団体が赤字になると、出資者である自治体は、外郭団体の借金を保証していたり、出資金が返ってこない等の事由により、いずれは自治体財政に影響を及ぼすことになります。自治体財政に影響が反映されるタイミングは、実際に外郭団体が破綻し、外郭団体の借金を肩代わりしたり、出資金が返ってこないことが確定してからになるため、外郭団体の赤字情報がタイムリーに一自治体財政に反映されているとは言えません。このように、実質的に自治体の負担となる可能性のある経済的事実が発生しているにもかかわらず、それが会計情報としてタイムリーに反映されていないという問題があります。

図表44　現行の公会計（官庁会計）

単年度主義会計の問題点

　現行の公会計（官庁会計）は、第１編第２章で見たとおり単年度主義会計によっています。単年度主義会計とは、その年度の支出は、その年度の収入で賄うというもので、その年度で使える支出額を予算で管理するというものでした。

　単年度主義会計によると、予算を使いきることが前提となっており、節約するというインセンティブが働きにくいというデメリットがあると言われています。

　また、自治体は半永久的に存続し（破綻してもらっては困ります）、行政活動を行っていかなければならないわけですから、長期的な視点での財政情報が有用であるにもかかわらず、単年度の財政情報しか入手できません。先にも述べましたが、過去の支出額や将来の財政負担といったストック情報が得られないという問題があります。

> **本章のまとめ**
> - 現行の公会計（官庁会計）は、単式簿記・現金主義会計によっており、ストック（残高）情報の把握の困難性、フルコスト情報の把握の困難性といった問題点を有しています。
> - 現行の公会計（官庁会計）は、一般会計や特別会計ごとに決算が行われています。そのため、行政サービス実施主体の財政状況の全体像の会計情報として表されていないという連結情報の欠如といった問題点

を有しています。
- 現行の公会計（官庁会計）は、単年度主義会計によっており、予算を節約するというインセンティブが働きにくく、長期的な視点での財政情報が入手できないという問題点を有しています。

第2編

新地方公会計制度

1章 | 新地方公会計制度とは何か

> **本章のテーマ**
>
> なぜ新しい制度が登場したのか。その背景と概要を解説します。

新地方公会計制度導入の目的（公会計の問題点の克服）

　第1編では現在の公会計（官庁会計）について見てきました。9章「公会計の問題点（官庁会計の限界）」において、官庁会計が採っている単式簿記・現金主義会計では様々な点で会計に関する情報が不足するという課題があるということを確認しました。その課題を克服するために、新しい地方公会計制度を導入しようとしたわけです。第2編では、その新地方公会計制度について見ていくことにします。

新地方公会計制度とは

　新地方公会計制度とはどういう制度、取組みなのか、いろいろな言い方ができるかと思います。簡潔に言うと、地方公共団体に企業会計の考え方を導入し、会計情報を今までよりも充実させ、新たに得られる会計情報を行政経営に活用して、行政経営をより効率的に進めていこうとする取組みであると言えます。

　繰り返しになりますが現在の法制度上の公会計（官庁会計）は、単式簿記・現金主義会計という手法による会計となっています。一方、企業で採られている会計手法は複式簿記・発生主義会計です。単式簿記と複式簿記、現金主義と発生主義、これらは会計の世界ではそれぞれ対極にある考え方です。よって、会計手法という点は同じですが、手続、処理方法は全く異なるものです。

複式簿記と発生主義とは

　複式簿記とは、会計取引の二面性に着目して、1つの取引を二面的に捉えて会計記録する方法です。例えば、自動車を100万円で購入したケースで考えてみます。官庁会計では、単式簿記の考え方に基づき、現金の動きという1つの視点に基づき100万円の現金を支出した、という記録がされますが、自動車という資産の増加の記録はされません。一方、これを複式簿記で二面的に捉えるとどうなるでしょうか。100万円の自動車を購入する取引には、100万円の現金が支出されたということに加え、自動車という資産（財産）も増えているわけです。現金は減ったけれど、それと同時に自動車という資産が増えたと捉えるわけです。その記録をするために仕訳という方法を用います。自動車を100万円で購入した取引を仕訳で示すと以下のようになります。

　　（借方）　自動車　100万円　　　　　（貸方）　現金　100万円

　単式簿記ですと、右側（貸方：「かしかた」と読みます）の現金100万円の支出のみが記録されますが、左側（借方：「かりかた」と読みます）の自動車100万円の増加（取得）という記録はされません。複式簿記を採用することで、自動車の購入取引を現金支出取引と自動車の増加取引の二面的に捉え、仕訳をして記録することで、資産の増加（自動車の増加）と資産の減少（現金支出）が同時に記録することができます。この処理を積上げていくことで、現金の動きだけでなく、その他の項目（この例では自動車）の増減も記録することが可能になります。こういった情報（第1編9章で見た「ストック（残高）情報」）を会計的に備え、行政経営に活用していこう、というわけです。

　もう一つの「発生主義」とは、現金の収入、支出が生じた時だけでなく、資産の増減、義務（債務）の増減が発生した時点で会計記録を行うという考え方です。官庁会計が採用する現金主義では、原則として収入、支出があった時点、すなわち現金という資産の増減があった場合にのみ会計記録を行います。先ほどの自動車を100万円で購入したケースでは、実際に現金の支出があることから（現金という資産が減少しているか

ら）、現金主義、発生主義のどちらの主義であっても会計記録は行われます。しかし、購入した自動車は、乗り続けていくとその資産価値はどんどん減少していきます。新車で購入した自動車を1年乗って、また新しい自動車に乗り換えようとした場合をイメージしてください。1年前に購入した自動車を下取りしてもらうことになりますが、購入時の100万円で下取りしてもらえることはまずありません。それは、1年間乗り続けたことで、その自動車の資産価値が減少しているためです。発生主義では、この資産価値が減少している、すなわち資産が減少しているという事実の発生を捉えて会計記録を行います。先ほど見た仕訳で示すと以下のとおりになります。

（借方）　減価償却費　10万円　　（貸方）　自動車　10万円

　これは「減価償却費の計上」という発生主義特有の会計記録です。10万円という金額は、100万円の自動車を例えば10年間乗り続けると想定した場合の、1年当たり価値減少分（100万円÷10年＝10万円／年）ということを意味しています。この仕訳の左右（借方と貸方）を見てください。どちらにも「現金」は出てきていませんね。減価償却費の計上には現金の動きはなく、自動車の価値減少という事実に基づいて記録をしているためです。現金主義会計の下ではこの会計記録が行われることはありません。
　また、地方公共団体職員の退職金についても同様です。退職金は、職員が退職した時に支給（実際の現金支出）されますが、現金主義の下では、退職金が支給された時に会計記録が行われます。しかしながら、職員の退職金は、職員が退職した時点で全ての支払義務が生じたのではなく、職員が勤務した期間に応じて、その都度都度で支払義務、すなわち債務（負債）の増加という事実が地方公共団体には生じているはずです。発生主義では、この支払義務の増加という事実の発生を捉えて会計記録をします。同じく仕訳で示すと以下のとおりです。

（借方）　退職手当引当金繰入　×××　（貸方）　退職手当引当金　×××

　このように、本来、地方公共団体の資産・債務の状況をより正確に把

握するためには、現金主義ではなく、発生主義による会計記録が望ましいということが言えます。こういった背景から新地方公会計制度では企業会計の考え方、すなわち発生主義が採り入れられているのです。

新地方公会計制度の整備に関する取組み

以上のような背景を踏まえ、国は新地方公会計制度の整備に向けた取組みを進めてきました。これまでの取組みを時系列で見ると以下のとおりです。

図表45　公会計制度の流れ

平成12年3月	「地方公共団体の総合的な財政分析に関する調査研究会報告書」
平成13年3月	「地方公共団体の総合的な財政分析に関する調査研究会報告書――『行政コスト計算書』と『各地方公共団体全体のバランスシート』」
平成17年9月	「連結バランスシートの試行について」
平成17年12月	行政改革の重要方針（平成17年12月24日閣議決定）
平成18年5月	新地方公会計制度研究会報告書　公表
平成18年8月	「地方公共団体における行政改革の更なる推進のための指針」総務省事務次官通知
平成19年6月	地方公共団体の財政の健全化に関する法律
平成19年10月	「公会計の整備推進について」自治財政局長通知
平成19年10月	新地方公会計制度実務研究会報告書　公表
平成21年1月	新地方公会計モデルにおける資産評価実務手引　公表
平成21年4月	新地方公会計モデルにおける連結財務書類作成実務手引　公表
平成22年3月	総務省方式改訂モデル向け作業用ワークシート記載要領改訂版　公表
平成22年3月	地方公共団体における財務書類の活用と公表について　公表
平成23年3月	新地方公会計モデルにおける連結財務書類作成実務手引（改訂版）公表
平成23年3月	「地方公共団体財務書類作成にかかる基準モデル」及び「地方公共団体財務書類作成にかかる総務省方式改訂モデル」に関するQ&A（平成23年3月改訂）

まずは平成12年3月に総務省（旧自治省）から公表された「地方公共団体の総合的な財政分析に関する調査研究会報告書」において、地方公共団体のバランスシートの作成方法が示されました。

　従来、地方公共団体では、一部の団体を除き、財政状況を把握するためには、経常収支比率等の財政指標を利用していました。しかしながら、地方公共団体においても民間企業のように団体が抱える現金等の資産や借入金等の債務の実態を一覧できるバランスシートが有用であるとの判断から、団体間で財政状況の比較が可能となるように、その作成方法を示し、各団体が同じ基準で財務数値を作成できるようにしました（この作成方法を旧総務省方式と呼びます）。

　翌年の平成13年3月には、「地方公共団体の総合的な財政分析に関する調査研究会報告書──『行政コスト計算書』と『各地方公共団体全体のバランスシート』」が公表され、行政コスト計算書や公営事業会計も含めた地方公共団体全体のバランスシートの作成方法が示されました。これにより新たな様式による財務書類の作成の普及が推進されました。

　しかしながら、この間にも国及び地方公共団体の財政赤字は拡大しつづけたことで、「小さくて効率的な政府」を実現し、財政の健全化を図ることが緊急の課題となってきました。平成17年12月には「行政改革の重要方針」が閣議決定され、その中で地方公務員の給与改定等も含む「総人件費改革の実行計画等」の項目などとならび、「政府資産・債務改革」の項目がとりあげられました。この項目には、「資産・債務の管理の在り方についても、民間の視点・技法をも積極的に活用しつつ、見直しを進める。国及び地方公共団体の資産・債務の管理等に必要な公会計の整備については、企業会計の考え方を活用した財務書類の作成基準等の必要な見直しを行うなど、一層の推進を図る。」という記載や「地方においても、国と同様に資産・債務改革に積極的に取り組む。各地方公共団体の資産・債務の実態把握、管理体制状況を総点検するとともに、改革の方向と具体的施策を明確にする。総務省は、各地方公共団体と協議しつつ、目標と工程表の作成などの改革を推進するよう要請する。」という記載がなされ、各地方公共団体に自らの資産や債務の実態を把握するよう要

請する方針が示されました。

　総務省では、上記方針を実行するため、債務の増大を圧縮する観点から、地方公共団体の資産・債務の管理等に必要な公会計の整備を有識者により幅広く検討するための「新地方公会計制度研究会」を平成18年4月に発足させました。翌5月には「新地方公会計制度研究会報告書」を公表し、地方公会計の準拠すべき指針である基準モデルと総務省方式改訂モデルという2つの作成方式を示しました。

　平成18年5月に公表された「新地方公会計制度研究会報告書」は、研究会発足から報告書の公表までの時間が限られていたことから、自治体における両作成モデルの利用しやすさの検討において不十分な面が見られました。そこで、平成18年7月に「新地方公会計制度実務研究会」が発足し、利用しやすさの面からの検証が行われ、各地方公共団体からの意見も聴取したうえで、「新地方公会計制度実務研究会報告書」が平成19年10月に公表されました。この公表を受けて、各地方公共団体は、貸借対照表（バランスシート）、行政コスト計算書、資金収支計算書、純資産変動計算書の財務書類4表の作成に本格的に着手し始めました。新地方公会計制度における財務書類4表の内容を簡単に説明すると、図表46のようになります。

図表46　財務書類4表の概略（総務省方式改訂モデル）

- 貸借対照表（バランスシート）：土地や建物など住民サービスを提供するために保有している財産（資産）と、その資産をどのような財源（負債・純資産）で調達したかを総括的に表示する財務諸表です。
- 行政コスト計算書：1年間の行政活動のうち、福祉給付やごみの収集といった資産形成に結びつかない行政サービスに係る経費と、その行政サービスの対価として得られた収入金等の財源を対比させた財務諸表です。
- 純資産変動計算書：貸借対照表内の「純資産の部」に計上されている各数値が1年間でどのように変動したかを表している財務諸表です。
- 資金収支計算書：歳計現金（資金）の出入りの情報を、性質の異なる3つの区分（「経常的収支の部」「公共資産整備収支の部」「投資・財務的収支の部」）に分けて表示した財務諸表です。

（出所：地方公共団体作成資料）

この時に示された財務書類4表の作成方法には、これまで述べたように基準モデルと総務省方式改訂モデルがあり、2つの作成方式を比較す

図表47　基準モデルと総務省方式改訂モデルの比較

	基準モデル	総務省方式改訂モデル
固定資産の算定方法（初年度期首残高）	○現存する固定資産をすべてリストアップし、公正価値により評価	○売却可能資産：時価評価 ○売却可能資産以外：過去の建設事業費の積上げにより算定 ⇒段階的に固定資産情報を整備
固定資産の算定方法（継続作成時）	○発生主義的な財務会計データから固定資産情報を作成 ○その他、公正価値により評価	
固定資産の範囲	○すべての固定資産を網羅	○当初は建設事業費の範囲 ⇒段階的に拡張し、立木、物品、地上権、ソフトウェアなどを含めることを想定
台帳整備	○開始貸借対照表作成時に整備。その後、継続的に更新	○段階的整備を想定 ⇒売却可能資産、土地を優先
作成時の負荷	○当初は、固定資産の台帳整備及び仕訳パターンの整備等に伴う負荷あり ○継続作成時には、負荷は減少	○当初は、売却可能資産の洗い出しと評価、回収不能見込額の算定など、現行総務省方式作成団体であれば負荷は比較的軽微 ○継続作成時には、段階的整備に伴う負荷あり
財務書類の検証可能性	○開始時未分析残高を除き、財務書類の数値から元帳、伝票に遡って検証可能	○台帳を段階的整備等により、検証可能性を高めることが可能
財務書類の作成・開示時期	○出納整理期間後、早期の作成・開示が可能	○出納整理期間後、決算統計と並行して作成・開示

（出所：総務省資料）

ると図表47のようになります。

　両作成方式の主たる特徴は、基準モデルが財務書類の作成を開始する段階において、固定資産台帳（所有する固定資産を記録した帳簿）の整備を所有するすべての固定資産について網羅的に台帳に計上するよう求めるのに対して、総務省方式改訂モデルは売却可能資産（使用していない土地等）を除いて、作成開始段階においては、網羅的に台帳に計上することを必ずしも求めていなかった点が挙げられます。

　結果として、過去から継続して取得されている固定資産を網羅的に調査する基準モデルは資産管理の面からは有用性に優れるものの、財務書類の作成開始段階における労力は膨大なものとなります。

　一方、総務省方式改訂モデルでは、財務書類の作成開始段階における労力は基準モデルと比較して軽減されるものの、固定資産台帳を整備しなくても財務書類を作成できることから、固定資産台帳整備に向けたインセンティブが働かない、すなわち固定資産台帳の整備が進まないという結果につながったと考えられます。

　地方公共団体が保有する様々な施設や道路等の社会的インフラ資産の老朽化及び維持・更新が住民の重要な関心事になっている昨今の状況を鑑みますと、この総務省方式改訂モデルでは対処ができない限界が見えてきたわけです。

財務書類の作成状況

　新地方公会計制度実務研究会の公表を受け、全国の地方公共団体では財務書類作成に向けた取組みが進められました。各地方公共団体の取組み状況については毎年、総務省が調査を行っています。平成25年度決算に係る財務書類の作成状況は図表48のとおりです。

　都道府県においては、全体の97.9％にあたる48団体が作成済みで、市区町村においては、全体の64.6％にあたる1,125団体が作成済みとなっています。市区町村においては、作成済みと作成中を合わせると1,453団体（全体の83.5％）が何らかの対応をしていることになり、財務書類を作成することというのは地方公共団体に浸透してきていると言えま

図表48　地方公共団体の平成27年度決算に係る財務書類作成状況等

（単位：団体）

区分		合計	都道府県	市区町村	指定都市	指定都市を除く市区町村
作成済		1,171 (65.5%)	46 (97.9%)	1,125 (64.6%)	17 (85.0%)	1,108 (64.4%)
	統一的な基準	168 (9.4%)	0 (0.0%)	168 (9.6%)	1 (5.0%)	167 (9.7%)
	基準モデル	144 (8.1%)	4 (8.5%)	140 (8.0%)	5 (25.0%)	135 (7.8%)
	総務省方式改訂モデル	833 (46.6%)	37 (78.7%)	796 (45.7%)	10 (50.0%)	786 (45.7%)
	旧総務省方式	8 (0.4%)	0 (0.0%)	8 (0.5%)	0 (0.0%)	8 (0.5%)
	その他のモデル	18 (1.0%)	5 (10.6%)	13 (0.7%)	1 (5.0%)	12 (0.7%)
作成中		329 (18.4%)	1 (2.1%)	328 (18.8%)	2 (10.0%)	326 (18.9%)
	統一的な基準	121 (6.8%)	0 (0.0%)	121 (7.0%)	1 (5.0%)	120 (7.0%)
	その他のモデル	208 (11.6%)	1 (2.1%)	207 (11.9%)	1 (5.0%)	206 (12.0%)
作成予定なし		288 (16.1%)	0 (0.0%)	288 (16.5%)	1 (5.0%)	287 (16.7%)
合計		1,788 (100.0%)	47 (100.0%)	1,741 (100.0%)	20 (100.0%)	1,721 (100.0%)

（出所：総務省資料）

す。

　採用しているモデルとしては、総務省方式改訂モデルを採用している団体が多くを占めていますが、後述する統一的な基準や基準モデル、その他のモデルを採用している団体も少なからずあり、財務書類の作成方法（モデル）にバラつきがあるのが現状です。

統一的な基準の導入に向けた動き

　このように、各地方公共団体で財務書類作成に向けた取組みが現在まで進められてきているわけですが、その一方で、国は新たなモデルの制定に向けた検討を続けていました。やはり財務書類の作成方法が複数存

在するということは望ましい状況とは言えません。平成22年9月に「今後の新地方公会計の推進に関する研究会」を発足させ、地方公会計の推進、発展に向け、財務書類作成方法の統一化を模索する取組みが進められました。

統一的な基準の公表とその背景

「今後の地方公会計の推進に関する研究会」はおよそ3年半の年月を掛けて、平成26年4月に「今後の新地方公会計の推進に関する研究会報告書」を公表しました。その報告書には、これまでの国が示した基準モデルや総務省方式改訂モデルとは異なる、新たなモデル(基準)が紹介されました。これが統一的な基準と呼ばれるものです。当報告書には基準の設定について、以下のように記載されています。

2　基準の設定について

19.　これまでの地方公会計の取組の経緯や現在の各地方公共団体における財務書類の作成状況等を踏まえると、今後、更なる地方公会計の整備促進を図るためには、<u>すべての地方公共団体において適用できる標準的な基準を</u>示すことが必要である。

20.　標準的な基準を設定することによって、それぞれの地方公共団体において、財務書類の作成と開示及びその活用を行うことのみならず、<u>他の地方公共団体との比較を容易とし</u>、その財政構造の特徴や課題をより客観的に分析することで、住民等に対するわかりやすい説明、財政運営や行政評価等への活用を充実させることが可能となる。

21.　また、個々の地方公共団体のみならず、地方公共団体全体としての財務情報の開示を行っていくためにも、<u>資産評価の基準や様式など財務書類の作成の基本となる部分について、統一的な取扱いとして整理する必要がある。</u>

(出所：今後の新地方公会計の推進に関する研究会報告書(下線は筆者加筆))

要約しますと、すべての地方公共団体で適用可能で、資産評価の基準や様式など財務書類作成の基本となる部分を統一化させて、他の地方公共団体との比較を容易にすることができることを意図して統一的な基準は設定されたということになります。いくら理論的には正しい基準を作っても、政令指定都市から地方の村に至る全ての地方公共団体で適用できる（団体職員が対応可能な）ものでなければ、そんな基準は意味がありません。また、財務書類を作成したら、近隣団体と比較して自団体はどうなんだろうと比べてみたくなるものですが、資産評価の基準や財務書類の様式がモデルによって異なっていれば、そもそも比較なんてできません。そういった、これまでの課題を解消すべく統一的な基準は設定されたというわけです。

統一的な基準の特徴

　それでは、統一的な基準の特徴を見てみましょう。統一的な基準の特徴としては、次の３点が挙げられます。
- 固定資産台帳の整備
- 複式簿記の導入
- 原則として、平成28年度決算財務書類から適用

　一つ目の固定資産台帳の整備は、今回の統一的な基準の公表によって初めて要請されたわけではなく、従来の基準モデル、総務省方式改訂モデルの財務書類作成の要請時においても求められていたものです。しかし、なかなか国の想定通りに台帳整備が進んでいないという実情がありました。それは前述のとおり、多くの地方公共団体が採用している総務省方式改訂モデルでは、固定資産台帳を整備しなくても財務書類を作成することができたという点が大きな理由と考えられます。

　図表49は、平成26年3月末時点での固定資産台帳の整備状況ですが、全体の約半数の46.5％にあたる831団体で固定資産台帳の整備が未了という状況です。しかし、地方公会計改革の目的である資産改革を実現するためには、資産の現状を適切に把握することが重要であり、資産の現

図表49　固定資産台帳の整備状況（平成27年度決算）

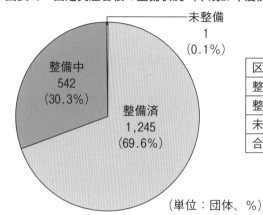

（平成28年3月31日時点）

区　分	団体数	割　合
整備済	1,245	(69.6％)
整備中	542	(30.3％)
未整備	1	(0.1％)
合　計	1,788	(100％)

（単位：団体、％）

（出所：総務省資料）

状を把握することなく資産改革を成し遂げることはできません。また、最近トピックな事項として公共施設、インフラの老朽化問題があります。高度経済成長期に建設整備された公共施設（いわゆるハコモノ）や道路、橋りょう、トンネル、上下水道といったインフラが、これから一斉に建替え更新時期を迎えるという現状に対応するためにも、資産の現状を把握するため固定資産台帳を整備することはとても重要です。その整備が十分になされていないという実情があったことから、今回改めて要請が出されたものと考えられます。

　二つ目は複式簿記の導入です。複式簿記については、一部、これまでの基準モデルや東京都方式では導入されていましたが、採用している団体が少なく、地方公共団体全体で見ると複式簿記が導入されているとは言えない状況でした。今回の統一的な基準では、複式簿記が導入されます。複式簿記を導入するということは、仕訳処理を行うことになります。しかし、これまで複式簿記と対極にある単式簿記で会計を行ってきた地方公共団体職員において、いきなり複式仕訳処理を強いるのは、かなりの負担になります。

　そこで、複式仕訳にあたっては職員の手作業によるのではなく、大部

分を専用のソフトウェアを使って対応することが想定されています。具体的には、予算執行データ（現金収入、現金支出に関するデータ）をソフトウェアが自動的に複式仕訳に変換するというものです。そして、その複式仕訳変換ソフトウェアについては国が開発を行い、全ての地方公共団体に配布することになっています。

三つ目はスケジュールです。いつから統一的な基準で財務書類を作成するのか、ということです。原則として、平成28年度決算に係る財務書類から統一的な基準で作成することが求められています。原則ということは、例外があり得るということで、実際に例外はあります。それは、上記の複式仕訳変換のタイミングについて日々仕訳を採用した団体は1年遅らせて平成29年度決算に係る財務書類から適用することもできることになっています。

東京都方式とは

これまでの新地方公会計制度は、総務省が示した「基準モデル」、「総務省方式改訂モデル」が一般的で多くの地方公共団体がどちらかを採用していますが、独自の公会計制度を導入している地方公共団体も存在します。その代表格が東京都です。

東京都では、平成10年度決算から平成17年度決算まで「機能するバランスシート」という名称で、発生主義に基づく財務書類（普通会計ベースの貸借対照表、行政コスト計算書、キャッシュ・フロー計算書、連結貸借対照表、事業別財務諸表（多摩ニュータウン事業、都営住宅事業等））を官庁会計（単式簿記・現金主義会計）方式による決算数値を組み替えて作成していました。

しかしながら、完成までに会計年度末から半年以上を要しており、財務書類の分析結果を翌年度の予算編成にタイムリーに反映することが事実上不可能であること、及び財務書類を十分に活用するためには、事業別に作成する必要がありますが、個別事業ごとに財務諸表を作成し、資産や負債、コストを把握しようとしても、作業が煩雑であるため困難であることから、当時の石原慎太郎都知事により新たな公会計制度を導入

する取組みが平成14年度より開始されました。

図表50　導入スケジュール

平成14年4月	石原都知事の表明
平成14年9月	「東京都の会計制度改革に関する検討委員会」の設置〔外部専門家（公認会計士）及び都部長級職員より構成し、東京都会計基準等を検討〕
平成14年10月	財務会計システムの基本構想着手
平成16年1月	システム開発（基本設計）着手
平成17年8月	東京都会計基準の策定・発表
平成18年3月	新財務会計システムの稼働
平成18年4月	新公会計制度の導入
平成19年9月	新システムによる初の財務諸表（平成18年度決算）の発表

　東京都の新公会計制度とは、現行の官庁会計に加えて、複式簿記・発生主義会計の考え方を加味した会計制度であり、財務会計システムにより、日々の会計処理の段階から複式簿記の処理を行い、財務諸表が作成されるものです。この財務諸表作成基準は東京都会計基準と呼ばれます。

　東京都で採用した新たな会計制度は、財務書類の作成スピードと正確性を大幅に向上させたものであり、従来の問題点を大幅に改善したため、大阪府のように同様の制度を導入することを検討する他の団体も現れています。

　なお、図表50のスケジュールからわかるように、導入には一定の期間がかかること、さらに、導入に際しては日々の継続した複式簿記の記録を可能とする財務会計システムの開発導入が必要なことが挙げられます。

本章のまとめ

- 平成19年10月の「新地方公会計制度実務研究会報告書」の公表を受けて、各自治体は、貸借対照表、行政コスト計算書、資金収支計算書、純資産変動計算書の財務書類4表の作成をしています。財務書類4表の作成方法には、基準モデルと総務省方式改訂モデルがあります。

- 過去から継続して取得されている固定資産を網羅的に調査する基準モデルは資産管理の面からの有用性に優れるものの、財務書類の作成開始段階における労力は膨大なものになります。一方、総務省方式改訂モデルでは、財務書類の作成開始段階における労力は基準モデルと比較して軽減されるものの、資産管理の面からは有用性が劣ることになります。
- 独自の公会計制度を導入している自治体として東京都等があり、東京都方式と呼ばれています。東京都方式は日々の会計処理の段階から複式簿記の処理を行い、財務書類の作成スピードと正確性を大幅に向上させたものであり、大阪府のように同様の制度を導入することを検討する他の自治体も現れています。
- 平成26年4月に「今後の新地方公会計の推進に関する研究会報告」が公表され、統一的な基準が公表されました。統一的な基準は、固定資産台帳の整備と複式簿記の導入が特徴です。

2章 新地方公会計制度はなぜ必要なのか、その目的は何か

> **本章のテーマ**
> 財政の状態がきちんとつかめるようにするためにはどうしたらよいのか。公会計（官庁会計）の限界を克服し、官庁会計を補完するための役割を解説します。

地方公会計における制度改正の背景と目的

なぜ今、地方公会計制度改革を進めることになったのでしょうか。これまでのところでも少し触れてきてはいますが、ここでまとめて整理、確認してみましょう。

総務省は「公会計の整備を検討すべき背景」として6項目を挙げています。
(1) 行政の信頼の確保と情報開示の徹底
(2) 地方分権の推進・地方分権改革推進法、地方分権改革推進委員会
(3) 夕張市問題と個々の地方公共団体の財政状況に対する注目
(4) 地方公共団体の財政の健全化に関する法律の成立
(5) 地方公共団体及びその外郭団体に対する金融機関の目線の変化
(6) 資産・債務改革

この具体的な内容について、以下で見ていきましょう。

(1) 行政の信頼の確保と情報開示の徹底

みなさんは、行政のことを信頼していますか。信頼している人、信頼していない人、それぞれかと思いますが、ここ最近、行政を信頼できなくなるような事態が多く生じました。ご記憶の方も多いことと思いますが、自治体に対しては、不正経理問題がありました。俗に、"裏金問題"とも言われていますが、経理処理を不正に、また意図的に操作し、お金を不正に溜め込んでいた（裏金作り）というものです。この不正経理問題が複数の自治体において短い期間に頻発したことから、行政（自治体）

に対する信頼が一気に低下していきました。不正経理が発覚した自治体では、それぞれ調査を始め、さまざまな対策が行われ、失われた信頼の回復に向けた取り組みがなされています。

　さて、信頼回復のために、さらには再発防止のためには何が必要だと思いますか。もちろん再発防止に向けた各自治体での取り組みは必須ですが、もう1つ言われているのが徹底した情報開示です。これは行政に限らず、家庭でも同じことです。子供が親に「無駄遣いしていない？」と聞かれたら、多くの子供が「無駄遣いなんてしていないよ」というはずです。ただ、本当にそれを確認するためには、言葉だけのやりとりでは不十分で、実際に何に使ったのか（使途の適切性）や、どの程度使ったのか（支出の規模）をキチンと把握しておく必要があります。子供であれば親がお小遣い帳をきちんとつけるようにしつけ、それを毎月、必ず親に見せるようにしていれば、どの家庭でもお小遣いに関する情報開示としては十分だと思います。子供のお小遣いですから金額も少額で、使い道もお菓子や文房具を買う程度ですので複雑なものもなく単純です。

　しかし、自治体ではそう簡単にはいきません。小さな自治体でも毎年億単位もの入出金があり、また、使い道もさまざまで契約形態が複雑なこともあります。従来から自治体も決算書は開示されてきましたが、自治体の財政状況をより的確に把握するためには、お小遣い帳のようなお金の出入りだけが記録されている決算書だけでなく、過去からどれくらいの財産が形成されてきたのか、また、そのための財源である借金がどれだけ膨れあがっているのか、といった情報も必要です。このように、旧来から公表されてきた情報を開示するだけでは、徹底した情報開示とはとてもいえず、信頼の回復につながりません。きまりきった情報を出すだけでなく、これまで出していなかったものも含めて開示するという積極的な情報開示（≒ディスクロージャー）が行政運営に関する信頼の回復のためには必要なのです。

(2) 地方分権の推進・地方分権改革推進法、地方分権改革推進委員会

　大阪都構想をはじめとして、マスメディアで地方分権関係の話題が流

れない日はないといっていいのが今日の状況ですが、昨今のこれらの動きの源流である地方分権改革は平成5年6月の「地方分権に関する国会決議」に始まるとされています。その後、平成7年には地方分権推進委員会が発足し、地方分権改革が具体的に動き出すことになります。地方分権推進委員会の答申を受けて、平成11年に機関委任事務の廃止を中心とした「地方分権の推進を図るための関係法律の整備等に関する法律」（地方分権一括法）が成立します。この法律の成立、施行により、これまで知事や市町村長を国の機関として位置づけてきた機関委任事務制度が廃止され、これにより国と地方は対等協力の関係になったとされます。

　これらの背景を踏まえて、平成18年12月に地方分権改革推進法が成立しました。この法律に基づき、国と地方公共団体の役割分担を明確にしていくことになりました。この課題を検討する組織として地方分権改革推進委員会が設置され、この委員会からの勧告を踏まえ、必要な法制上又は財政上の措置等を定めた「地方分権改革推進計画」が政府によって策定されました。この計画に基づき、国が地方に優越する上下の関係から対等なパートナーシップの関係へと転換するためのさまざまな法律が制定されています。

　すなわち、国は、国が本来果たすべき役割を重点的に担い、住民に身近な行政はできる限り自治体に委ねることが原則とされ、権限が国から地方に委譲されました。権限が地方に委譲されましたので、地方の自由度は従来よりは高くなりましたが、権限が増えるということは、それだけ責任も伴うということの裏返しです。では、ここでの責任とは何でしょうか。それが先の情報開示の徹底、説明責任の履行ということです。地方に権限が委譲されたことにより、その分、地方に入るお金も増えるでしょうから、先の不正経理の問題もあって、従来以上の行政運営の透明性が求められるようになります。

　この行政運営の透明性の向上という観点から、自治体の財政状況を更に明確化していくため、地方公会計制度改革が求められることになったのです。

(3) 夕張市問題と個々の地方公共団体の財政状況に対する注目

　北海道夕張市が財政破綻したのは記憶に新しいところだろうと思います。まさか自治体が破綻するなんて、その当時まではほとんどの国民が意識していなかったことでしょう。しかし、実際に夕張市は破綻し、現在は財政再生団体として再生に向けた取り組みが行われています。皆さんも報道などでお聞きになっているとおり、夕張市では公共施設の統廃合をはじめとする行政サービスの大幅な削減が行われています。"おらが街"が財政破綻してしまうことが、もはや他人事ではなくなったのです。

　このように自治体も破綻することがあるという既成事実が出来上がったため、住民をはじめ、さまざまな利害関係者の自治体の財政状況に対する注目度合いが一気に高まっていきました。難しい言い方をすると、自治体財政に対する情報ニーズが高まったといえます。つまり、自治体側に今まで以上の情報開示が求められるようになったのです。

(4) 地方公共団体の財政の健全化に関する法律の成立

　第1編でも触れましたが、平成19年6月「地方公共団体の財政の健全化に関する法律」（以下、「健全化法」といいます。）が公布されました。健全化法については「第1編8章　会計情報は何に活かされるのか」で確認しましたが、自治体の財政状態を4つの指標を用いて判定しようとするものです。夕張市が破綻したことにより、「第2の夕張市はどこだ？」みたいな、ちょっとゴシップめいた見方が広がりました。実のところ、健全化法は第2の夕張市を出さないための防衛策といえます。健全化法が施行されるまでは、「地方財政再建促進特別措置法」（以下、「旧再建法」といいます。）によって自治体の再生が図られていました。夕張市も破綻のきっかけは、この旧再建法の適用を受けての再生です（もちろん、健全化法上でも財政再生団体です）。この旧再建法と健全化法の違いはいくつかありますが、一番大きな違いは、健全化法が早期是正措置的な位置付けである点です。旧再建法は自治体自らが旧再建法の適用を受ける旨の申請をすることで初めて適用されるのに対し、健全化法は

自治体の申請の有無に関わらず、指標が一定水準以上になると強制的に財政健全化団体、あるいは財政再生団体になるところです。いわば、旧再建法では、自分から白旗を揚げるまでは再生団体にならないのに対し、健全化法では自分の意思は関係なく、指標しだいで強制的に白旗を揚げさせられるということです。そうなると、指標がどういった数値になるのか、という点は行政側だけでなく住民にとっても一大関心事になります。

　4つの指標の1つに「将来負担比率」という指標があります。この指標は簡単に言うと、一般会計（自治体）が将来的に負うことになる債務が、どの程度あるのかという指標です。一般会計（自治体）は一般会計自身（自治体自身）で負っている債務はもちろんのこと、それ以外の会計、団体が負っている債務まで将来において負担する場合があります。例えば、外郭団体が金融機関から借金をして、その担保として一般会計（自治体）が金融機関に対して損失補償、債務保証をするというケースがあります。この場合、当該外郭団体に万一の事態が発生し、金融機関からの借金を返済することができなくなった場合には、一般会計（自治体）が、言わば、その外郭団体の肩代わり的な役割を果たさなければならなくなるということです。そうなると、外郭団体にいくらの債務があるのか、また、そういった外郭団体はいくつあるのか、という点について知りたくなりますね。しかし、現状の体制でそれを確認するには、外郭団体の決算書を個々に確認するしか方法はありません。一覧できるものがないのです。地方公会計制度改革では、「連結会計」という民間企業の会計の考え方が導入されています。連結会計とは、自治体だけではなく、自治体と連携協力して住民に行政サービスを提供している外郭団体も含めたベースで決算書を作成するというものです。そうすることで、自治体だけでなく、外郭団体も含めた情報開示ができるようになり、また将来負担比率の悪化の原因分析が容易となり、比率改善のための策を講じやすくなります。健全化法と地方公会計制度改革とは、両者を連携させて取り組むことが重要と言われています。

⑸ 地方公共団体及びその外郭団体に対する金融機関の目線の変化

⑶で利害関係者の自治体財政状況への注目度が一気に高まったと言いましたが、その代表と言えるのが金融機関です。金融機関は自治体やその外郭団体に融資をしています。夕張市の問題が出てくるまでは、自治体は非常に安全な融資先というのが金融機関の自治体に対する目線でした。自治体が破綻することなど考えられず、仮に財政的に厳しい状況に陥ったとしても最後には国が必ず面倒を見てくれるため、貸付資金の返済（利息も含め）が滞ることはなく、絶対に戻ってくるという意識があったのです。そういう意識でいたところに夕張市が破綻したわけですから、今までの大前提が根底から覆ったわけです。「自治体も破綻する」という認識に目線を変え、これまで有利な条件で融資をしていた自治体に対しても、財政状況に応じて条件を変えるなどの対応を迫られることになりました。

しかし、金融機関が各自治体の財政状況を検討するにしても、ある自治体にはどれくらいの資産、負債があるのかという情報がなく、財政状況を十分に検討するための情報が自治体からは十分に提供されていませんでした。そういった情報ニーズの高まりからも今回の地方公会計制度改革が進められたというわけです。

⑹ 資産・債務改革

⑸で、自治体の資産、負債に関する情報が十分に提供されていないと言いました。現在の自治体の決算書は歳入歳出決算書と言われ、前に述べたとおり、現金の出入りのみが記録されているものです。簡単なイメージで言うと、お小遣い帳や家計簿のようなものです。家計簿には日々のお金の出入りが記録され結果として、今どれだけのお金が残っているかという情報を得ることができます。

しかし、例えば住宅ローンを組んでいたとしましょう。家計簿には、今月のローン返済額が支出として記録されますが、今月末時点であとどれだけ住宅ローンが残っているのか、という情報は得ることができません。また、資産として住宅や車を持っていれば、税金や車検に伴う支出

は家計簿に記録されますが、今後どのくらいのタイミングでリフォームして、どれくらいの税金が発生し、それに対してどの程度積み立てておけばいいのかなどの情報は全くわかりません。

このような情報をきちんと把握し、今後の支出に備えるためには、ストック情報を整備する必要があります。つまり、ある時点でいくらの資産があり、またいくらの負債があるかをしっかり記録・整理しなければ、将来の支出に対して適切な準備を行うことができないということです。

最近、インフラを含む公共施設の老朽化が大きな問題になっています。国はインフラを含む公共施設に関する管理をどのようにすすめていくのかについての計画策定を地方公共団体に要請しています（これを「公共施設等総合管理計画」と言います）。この計画を策定するためにも資産に関する情報は重要です。

このように、ストック情報に関するデータの不足が、そもそもこれまでの自治体の会計制度の限界としてあったことに加え、（国もそうですが）高度成長期に建設したものを中心とする公共施設の今後を考えていかないと財政が立ち行かなくなってしまうこと、地方公共団体が抱える借金が途方もない額になってきたことなどの理由から、発生主義・複式簿記の会計ルールに基づく、地方公会計制度改革が強く求められるようになったのです。

改革をするとどうなるのか（公会計を整備する意義は何か）

公会計を整備する背景について総務省が取り上げた6項目を見てきましたが、この6項目を見て何か気付きませんか。6項目に分かれてはいますが、実は言いたいこととしては2つに集約できます。それは、「情報開示をもっと徹底すること（説明責任の履行）」と「情報量を拡大し、新たに得られた情報に基づき財政の効率化・適正化を図る」ということです。自治体は住民から税金を預かり、その税金を財源として事業を行っています。したがって、自治体には、お金の出し手である住民に対して、その使途について十分に、またわかりやすく説明する責任を有しています。それは住民にとって都合のいい情報だけでなく、都合の悪い情報も

含めて、より徹底した情報開示が求められているのです。

　先の6項目が情報開示の徹底、財政の効率化・適正化を図る、のどちらかに明確に区分されるということではなく、どちらにも相互に影響しあう関係にあります。それは情報量の拡大によって得られた情報に基づいて財政の効率化、適正化を図り、そのことに情報を開示する、ということになるからです。

　改革をしようと言っているわけですから、現状の官庁会計ではこの2つが十分に行われてきていなかったということが言えます。それは現状の官庁会計の限界とも言えます。その限界をある意味克服しようというのが地方公会計制度改革ということになります。

　では、現状の官庁会計には、どういった限界があるのでしょうか。何を克服すべきなのでしょうか。その限界をまとめると図表51のように「4つの限界」に整理できます。

図表51　官庁会計の限界

現金主義による限界	単体ベースによる限界	予算統制が重視されていることによる限界	資産債務改革対応への限界
・行政サービス提供に伴って本来発生しているコストが見えてこない（ex.退職手当引当金、減価償却費） ・ストック情報がわからないため、過去の投資成果が見えにくい ・同様に、資産形成に伴う将来の住民負担等が見えにくい	・地方三公社や、第三セクター、その他の外郭団体といった実質的に自治体の支配下にある組織の財政状況を含めた、自治体全体としての財政状況が把握できない	・事業別のフルコストの把握や、施設別にコストを組み替えることによる、事業別・施設別の財務書類を用いた検討ができない	・現金主義であることから、資産・債務の状況を正確に把握した上で、どのように圧縮していくかという視点を持ちづらい ・そのため、資産・債務改革を進める上では情報が不足してしまう

（筆者作成）

・**現金主義による限界**
　現金主義を採っている官庁会計では捉えられない非現金支出コストがあること（例えば減価償却費や退職手当引当金繰入等）

・**単体ベースによる限界**
　実質的に自治体の支配下にある地方三公社や第三セクターに関する財政状況を含めた、自治体全体としての財政状況を把握することができないこと

・**予算統制が重視されていることによる限界**
　自治体では予算が重視され決算についてはあまり重視されていなかったため、事後的な事業の評価やコスト分析が不十分であり、フルコストという概念が自治体内部に浸透していないこと

・**資産債務改革対応への限界**
　官庁会計が単式簿記の考え方によるものであることから、資産、負債というストック情報が整備されていないこと

　このようにこれまでの地方公会計制度では、課題がありました。そこで、これらの課題を克服するために生み出されたのが、新地方公会計制

図表52　新地方公会計制度の意義と効果

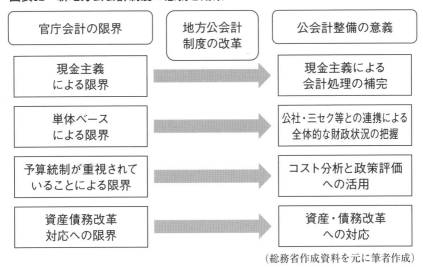

（総務省作成資料を元に筆者作成）

度なのです。

　この課題と新地方公会計制度導入による意義の対応関係をイメージ図で表すと図表52のとおりとなります。

　ここで4つ挙げている「公会計整備の意義」は、総務省が新地方公会計制度を導入する際に説明した項目です。この4項目についてそれぞれ見ていきましょう。

(1) 現金主義による会計処理の補完

　「現金主義による会計処理の補完」といわれても、一見しただけでは、なかなかわかりづらいかと思います。簡単にいうと、新地方公会計制度に基づき、いろいろな財務書類を整備することで、これまでの官庁会計である現金主義だけでは把握できなかった情報を把握することができるようになる、ということを指しています。

　たとえば、「貸借対照表」を作成することで、次世代に引き継ぐ資産はどの程度かということや、将来職員が退職する場合の負担はどの程度発生しているかということがわかるようになります。また、「行政コスト計算書」を作成することで、経常的な行政サービスにかかったコストはどの程度なのか、また受益者負担によりどの程度コストが賄われているかということがわかるようになります。そして、「資金収支計算書」を作成することで、経常的経費や投資的経費の財源は何か、という点や、一年間でどのように事業を行うために必要な資金を調達して、どのような使途に使ったのかという資金移動の状況がわかるようになります。その他、「純資産変動計算書」を作成することで、資産がどのように変動したのか、資産はどの財源により取得したものか、ということを把握することができるようになります。

　現金主義による官庁会計は、資源配分の状況を最もわかりやすく表現するものではありますが、新地方公会計制度に基づく財務書類を作成することで、官庁会計だけでは把握できなかったさまざまな情報（特に、後述するフルコスト情報とストック情報）が把握できるようになるのです。このことを受けて、「現金主義による会計処理の補完」といっていま

す。

(2) 公社・三セク等との連携を踏まえた会計の整備による全体的な財政状況の把握

　先に、連結会計について少し触れましたが、ここでもう少し詳しく見ていきましょう。今日の民間企業は実に多くの子会社を持っています。皆さんがご存知のソニーやトヨタ、ホンダ、パナソニック…。今日の大企業であれば、それぞれ数十社以上子会社を持っていることは珍しくなくなってきました。そのような経済実態に合わせ、会計の考え方も親会社単体の会計から連結会計へと範囲を広げるようになりました。同じようなことをしている会社があったときに、子会社を経由したかどうかだけで、企業の経営成績の良し悪しが変わるなんておかしな話です。そのため、グループ会社全体で経営状況がどうだったのかという「連結」の考え方が、企業会計では当たり前になっています。

　一方、公の世界ではどうでしょうか。公の世界においても同様です。自治体は民に負けず劣らずいろいろな事業をやっています。規模の如何を問わず、自治体であればいろいろな特別会計をもっているでしょうし、地方三公社といわれる土地開発公社や住宅供給公社、地方道路公社、その他、さまざまな第三セクターにより行政サービスが提供されているのが現実です。ということであれば、公の世界においても民間企業と同様に、全体として財政状況を把握することが非常に重要であるといえます。

　そこで、新地方公会計制度においては、企業会計と同様の連結概念を持ち込みました。これにより、これまでなかなか目につきにくかった債務超過となっている宅地造成事業や、損失補償されている公社・三セクも含めて、全体として自治体の財政状況を明らかにすることができるのです。

(3) コスト分析と政策評価への活用

　最近流行の「事業仕分け」。国をはじめ自治体においても取り組むところが出てきています。自治体が行う事業について、その必要性につい

ての検討が行われ、継続、廃止、あるいは規模を縮小して継続するなど、役所職員、有識者及び住民等によって「仕分け」が行われています。また、この事業仕分け以外にも、自治体では従来から「行政評価」というものが行われています。

行政評価とは、ある事業が効果的・効率的に行われたどうか、という点について事後的に評価を行うことです。一般的な手法としては、評価対象の事業について目標を設定し、事業を行った結果がどうであったかについて、効果的・効率的という視点から評価するものです。ここで「効果的」とは、その目標を十分に達成しているか、「効率的」とは、その目的達成を効率的、すなわち無駄なく、低いコストでできているか、ということです。地方自治法には「最少の経費で最大の効果を」ということがうたわれています。ある目標を達成するのに、昨年度は80万円のコストがかかり、今年度は100万円かかったとします。さて、どちらが効率的でしょうか。達成された目標が同じものであれば、80万円のコストで達成できた昨年度の方が効率的であったと言えますね。このように、行政評価はこの最少の経費で最大の効果が得られているか、すなわち、効果的・効率的に事業が行われているかという観点から、その事業を評価します。ここで問題となってくるのは、その事業にかかっているコストは正しく計算されているか、ということです。ここでいう「正しく」とは単に計算間違いがないということだけでなく、その事業に関するコストが漏れなく集計されているかということです。従来の行政評価におけるコスト集計は、現状の官庁会計による集計ですので、現金主義によるものです。よって、発生主義に基づく現金支出を伴わないコスト、例えば減価償却費や退職手当引当金繰入といったコストは集計されていません（というより、そもそも計算もされていません）。しかし、減価償却費も退職手当引当金繰入も発生しているコストですので、行政評価をする際のコスト集計には含まれるべきなのです。

このような現金支出を伴わないコストまでを含めたコストを一般に「フルコスト」と呼んだりします。全てのコストを集計し、フルコスト情報でもって行政評価を行わないと適切な評価ができなくなります。現状

の官庁会計制度では、把握することができないフルコスト情報を把握するために地方公会計制度改革を導入し、官庁会計の限界を克服して、より実効性のある行政評価を進めていくことが求められているのです。

(4) 資産・債務改革への対応

　資産・債務改革への対応も、これまでに少し見てきました。地方公会計制度改革により今までになかったストック情報を入手することができ、その情報に基づいて資産・債務改革を進めていくことが求められています。資産・債務改革とは簡単に言いますと、「無駄な（不要な）資産を持っていないか、債務（負債）は多すぎないか」ということです。無駄な資産、不要な資産は持っていても意味がありません。例えば、自治体が何も使っていない空地を保有しているとします。使っていないからコストはかからないと思われがちですが、実は、使っていなくても持っているだけでもコストは発生するものなのです。土地ですと、何もしないで放っておくとどうなりますか。雑草が生え、荒れ地となり、いざ使う、となった時に、まず土地をきれいにするためのコストが余計にかかることにつながります。あるいは民間等に売却すると、その後は取得者から毎年、固定資産税収入が入ってくることが見込めますが、自治体が保有している限りそれはありません。入ってくる税収をみすみすあきらめている形になり、コストが発生していると言えます（会計的には、この入ってきていたであろう収入を「機会費用」と呼びます）。財政状況が厳しい昨今の自治体においてはもったいない話になります。

　また、債務（負債）の方ですが、これは簡単に言うと借金ですので、借金が多すぎないかということです。ある程度の借金があることは想定されますが、借金が多すぎる状態は良くないということですね。もし、現状が多すぎるのであれば、それを少なくしていくこと、また、将来の返済財源を今のうちから確保しておくことが必要になります。

　このように、不要な資産、多すぎる債務があれば、それについて対策を講じていくことが必要であることは、誰でもわかる話なのですが、問題なのは、現状の官庁会計では、今どれだけの資産及び債務があるのか、

という現時点の情報がないということなのです。これが官庁会計の限界と言われる点です。この限界を克服するために地方公会計制度改革によるストック情報の整備が求められるようになりました。このストック情報を整備することが地方公会計制度改革ではなく、その情報を使って資産・債務改革に関する策を講じていくことが真の地方公会計制度改革なのです。

本章のまとめ
- 地方公会計制度改革の背景・目的としては、行政の信頼の確保と情報開示の徹底、地方分権の推進、財政健全化法との関係、自治体の資産・債務改革の推進等があげられます。
- 公会計制度を整備する意義としては、現金主義による会計処理の補完、公社・三セク等を含む全体的な財政状況の把握、コスト分析と政策評価への活用、資産債務改革への対応などがあげられます。

3章 財務書類とは何か、財務書類から何がわかるのか

> **本章のテーマ**
> いろいろな書類が作成されますが、これらをどう使ったらよいのでしょうか。
> 財務4表と呼ばれるものの概要と、そこから何が読み取れるかを解説します。

財務書類にはどういうものがあるのか

新地方公会計制度の概要及びその必要性については、これまで述べたとおりですが、ここでは、新地方公会計制度で規定されている財務書類(「総務省方式改訂モデル」)について解説していきます。

財務書類には、「普通会計財務書類」と「連結財務書類」が規定されており、いずれも貸借対照表、行政コスト計算書、純資産変動計算書、資金収支計算書の4表が作成されます。

普通会計財務書類は、自治体財政を理解する上で基本となる普通会計を対象とし、連結財務書類は、普通会計に加え公営事業会計や第三セクターといった自治体に関連する会計及び団体全体を対象としています。

図表53 財務書類の種類と対象

	普通会計財務書類	連結財務書類
作成される財務書類	・貸借対照表 ・行政コスト計算書 ・純資産変動計算書 ・資金収支計算書	・連結貸借対照表 ・連結行政コスト計算書 ・連結純資産変動計算書 ・連結資金収支計算書
財務書類作成の対象となる会計等	・普通会計	・普通会計 ・公営事業会計 ・地方三公社 ・地方独立行政法人 ・第三セクター ・一部事務組合、広域連合

以下では、各財務書類の内容について解説していきます。
　なお、現行の新地方公会計制度では、「基準モデル」と「総務省方式改訂モデル」の2つのモデルが示されていますが、現在、多くの自治体では「総務省方式改訂モデル」に基づく財務書類が作成されています。このため、本章では、「総務省方式改訂モデル」で作成される財務書類を中心に説明し、「基準モデル」については「総務省方式改訂モデル」と異なる点について触れていきます。その後、統一的な基準による財務書類についても簡単に触れることにします。

貸借対照表とは

　「僕が住んでいる町の財産は、どういうものがどれくらいあるの？」「私が住んでいる市の借金は、いくらあるの？」といった疑問に答えてくれるのが貸借対照表です。すなわち、貸借対照表とは、自治体の会計年度末における財政状態を示す財務書類です。自治体が保有している財産（資産）と、その資産をどのような財源（負債・純資産）で調達したのかを総括的に表示しています。貸借対照表は左側（借方といいます）に資産が記載され、右側（貸方といいます）に負債と純資産が記載されます。
　資産の合計額と負債・純資産の合計額とが一致し、左右が釣り合う（バランスしている）表であることからバランスシートとも呼ばれます。

貸借対照表の構成要素

　貸借対照表を図で示すと図表54のとおりです。

〇資産
　資産とは、「自治体が保有する財産」のことで、将来世代に引き継ぐ財産ということもできます。具体的には、自治体が保有する道路、施設、貸付金や現金等が挙げられますが、これらの資産は次の2つに分類することができます。

- 自治体が住民サービスを提供するために使用すると見込まれるもの（使う資産）

図表54　貸借対照表の構成

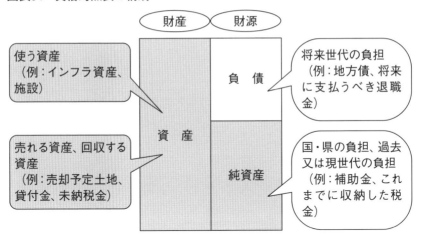

⇒道路、市役所や学校等の敷地及び施設など
• 将来、自治体に資金流入をもたらすもの（売れる資産、回収する資産）
⇒売却予定の土地、貸付金、税金の未収入金など

○負債

負債とは、「将来、自治体から資金の流出をもたらすもの」です。具体的には、将来償還しなければならない地方債、将来支払うべき職員の退職手当等が挙げられます。将来に支払わなくてはならないことから、将来世代が負担する部分ということができます。

○純資産

純資産とは、「資産から負債を控除したもの」です。具体的には、現在までに住民から徴収した税金、国・都道府県からの補助金等が挙げられます。「自治体が保有する財産」から「将来、自治体から資金の流出をもたらすもの」を控除した金額ですので、自治体が保有する正味の財産ということができます。

ここでポイントとなるのは、純資産は負債とともに資産の財源を示しているという点です。すなわち、負債は、資産のうち将来世代が負

担する部分ということができますが、一方で、純資産は、現在までに得られた補助金や税金で構成されますので、資産のうち過去及び現在世代が負担した部分ということができます。

貸借対照表を見てみよう

普通会計貸借対照表を取り上げ、貸借対照表の具体的内容を見てみましょう（図表55）。

【資産の部】

資産の部は、「1 公共資産」「2 投資等」「3 流動資産」に分類されます。

「1 公共資産」は、「有形固定資産」と「売却可能資産」から構成されます。

「有形固定資産」は、具体的には、土地、建物、機械装置などが該当しますが、土地、建物といった科目ではなく、生活インフラ・国土保全、教育といった行政目的別に区分して表示されます。これは、自治体が提供する住民サービスが多岐にわたることから、どういった分野の資産をどれくらい保有しているのかを把握できることが有用と考えられるためです。なお、総務省方式改訂モデルでは、有形固定資産は過去の普通建設事業費を積み上げ計算することにより算定することが認められており、自治体の貸借対照表の作成負荷軽減が図られています。ただし、その場合でも段階的に固定資産台帳を整備し、適切に評価を実施していくことが求められています。

「売却可能資産」は、公共資産のうち、売却予定の土地や遊休資産など、現在行政目的のために使用していない資産を表しており、時価で評価します。行政目的で使用していないことから、早期に売却を検討するなど、資産・債務改革の推進のために重要な資産です。

「2 投資等」は、「投資及び出資金」「貸付金」「基金等」「長期延滞債権」「回収不能見込額」から構成されます。

「投資及び出資金」は、公営企業や公社、第三セクター等に対する出

図表55　A市の普通会計貸借対照表

貸借対照表
（平成22年3月31日現在）
（単位：千円）

借　　　方			貸　　　方		
[資産の部]			[負債の部]		
1　公共資産			1　固定負債		
(1) 有形固定資産			(1) 地方債		25,932,028
① 生活インフラ・国土保全	81,620,218		(2) 長期未払金		
② 教育	26,793,690		① 物件の購入等	69,898	
③ 福祉	1,789,348		② 債務保証又は損失補償	0	
④ 環境衛生	340,284		③ その他	0	
⑤ 産業振興	5,214,026		長期未払金計		69,898
⑥ 消防	369,774		(3) 退職手当引当金		5,238,434
⑦ 総務	3,378,824		(4) 損失補償等引当金		0
有形固定資産計		119,506,164	固定負債合計		31,240,360
(2) 売却可能資産		145,226			
公共資産合計		119,651,390	2　流動負債		
			(1) 翌年度償還予定地方債		2,659,858
2　投資等			(2) 短期借入金（翌年度繰上充用金）		0
(1) 投資及び出資金			(3) 未払金		35,018
① 投資及び出資金	452,192		(4) 翌年度支払予定退職手当		500,746
② 投資損失引当金	△ 42,112		(5) 賞与引当金		287,972
投資及び出資金計		410,080	流動負債合計		3,483,594
(2) 貸付金		275,058			
(3) 基金等			負　債　合　計		34,723,954
① 退職手当目的基金	0				
② その他特定目的基金	1,067,144		[純資産の部]		
③ 土地開発基金	1,282,848		1　公共資産整備国県補助金等		25,148,526
④ その他定額運用基金	193,840		2　公共資産整備一般財源等		80,775,076
⑤ 退職手当組合積立金	0		3　その他一般財源等		△ 12,460,828
基金等計		2,543,832	4　資産評価差額		85,512
(4) 長期延滞債権		1,364,278			
(5) 回収不能見込額		△ 455,674	純　資　産　合　計		93,548,286
投資等合計		4,137,574			
3　流動資産					
(1) 現金預金					
① 財政調整基金	1,304,646				
② 減債基金	2,003,634				
③ 歳計現金	1,132,292				
現金預金計		4,440,572			
(2) 未収金					
① 地方税	68,924				
② その他	5,964				
③ 回収不能見込額	△ 32,184				
未収金計		42,704			
流動資産合計		4,483,276			
資　産　合　計		128,272,240	負債・純資産合計		128,272,240

資金・出えん金などが該当します。

「貸付金」は、福祉資金や住宅改良資金、災害援護資金、奨学金などの福祉的な目的の貸付金や、中小企業振興や地域振興など産業振興目的の貸付金など自治体が実施する貸付事業から生じた貸付金などが該当します。

「基金等」は、施設の建設など特定の目的のために資金を積み立てる特定目的基金と、特定の目的のために定額の資金を運用する定額運用

基金などが該当します。

「長期延滞債権」は、回収期限や納付期限が到来してから1年以上経過しているにもかかわらず、いまだ回収できていない貸付金や地方税などの債権を指します。

「回収不能見込額」は、「貸付金」および「長期延滞債権」のうち回収不能となることが見込まれる金額を「回収不能見込額」として表示します。

「3 流動資産」は、「現金預金」「未収金」から構成されます。

「現金預金」は、財政調整基金、減債基金、歳計現金が表示されます。財政調整基金は将来の収入減に備えるための基金であり、減債基金は地方債の償還に備えて積み立てている基金をいいます。また、歳計現金は、自治体が保有する現金をいいます。

「未収金」は、その年度の収入として予定したものの、まだ収入がないもので、回収期限や納付期限が到来してから1年に満たないものを指します。地方税と地方税以外のその他に区分して表示されます。

【負債の部】

負債の部は、「1 固定負債」「2 流動負債」に分類されます。

「1 固定負債」は、「地方債」「長期未払金」「退職手当引当金」等から構成されます。

「地方債」は、地方債のうち翌年度償還予定地方債の金額を控除した額が計上されます。したがって、地方債残高の総額は、固定負債の「地方債」と流動負債の「翌年度償還予定地方債」の合計であることに注意が必要です。

「長期未払金」は、すでに物件等を購入し引渡しやサービスの提供を受けたにもかかわらず、まだ支払いを行っていない額のうち翌々年度以降の支払予定額などが該当します。

「退職手当引当金」は、職員に将来支払うべき退職手当額のうち、当年度末までに発生した額が計上されます。具体的には、当年度末に職員が普通退職した場合に必要となる退職手当支給見込額から、翌年度

支払予定退職手当の額を控除した金額となります。
　「2　流動負債」は、「翌年度償還予定地方債」「短期借入金（翌年度繰上充用金）」「未払金」「翌年度支払予定退職手当」等から構成されます。
　「翌年度償還予定地方債」は、地方債のうち翌年度償還予定額です。
　「短期借入金（翌年度繰上充用金）」は、収支不足が発生した場合は翌年度の予算から前借りすることになり、この前借り額（収支不足額）が計上されます。
　「未払金」は、固定負債の長期未払金が翌々年度以降の支払予定額であるのに対し、翌年度支出予定額が「未払金」として計上されます。
　「翌年度支払予定退職手当」は、職員に支払う退職手当のうち翌年度支払予定額です。

【純資産の部】
　純資産の部は、「1　公共資産等整備国県補助金等」「2　公共資産等整備一般財源等」「3　その他一般財源等」「4　資産評価差額」に分類されます。
　「1　公共資産等整備国県補助金等」は、公共資産等の資産形成に充てられた財源のうち、国・都道府県から補助を受けた額が計上されます。
　「2　公共資産等整備一般財源等」は、公共資産等の資産形成に充てられた財源のうち、国・都道府県から補助を受けた額と地方債を除いた額が計上されます。
　「3　その他一般財源等」は、公共資産等以外のその他の資産を形成する財源のうち、「公共資産等整備のための財源となる負債以外の負債」を差し引いた額です。
　「4　資産評価差額」は、資産の貸借対照表計上額と取得価額との差額が計上されます。
　上記内容の理解のために、貸借対照表を分解します（図表56）。

図表56　貸借対照表の区分

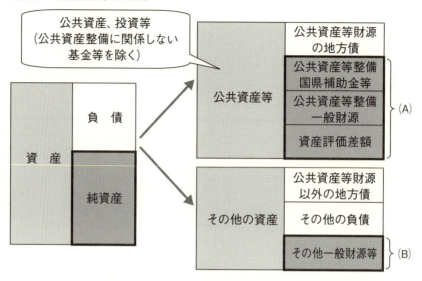

このように、純資産は何に対する財源なのかにより区分されていることが分かります。つまり、公共資産等の財源として投下された部分（A）と、まだ投下されていない自由な部分（B）です。したがって、「純資産が大きい」と言っても、将来の債務返済などに使える財源が大きいわけではないことに注意が必要です。

> 基準モデルにおける貸借対照表には、次のような特徴があります。
> ■ 財務書類の作成当初から固定資産の情報をすべて把握し、台帳を整備します。
> ■ 原則として、すべての資産を公正価値で評価します。
> ■ 資産を、金融資産と非金融資産に区分するなど、表示科目が、総務省方式改訂モデルと異なります。

行政コスト計算書とは

「私が住んでいる市の行政サービスって、どれくらいのコストがかかっ

ているの？」といった疑問に答えてくれるのが行政コスト計算書です。すなわち、行政コスト計算書は、一会計期間における行政サービスに係る経費とその行政サービスの直接の対価として得られた収入を対比させた財務書類です。

行政コスト計算書の構成要素

行政コスト計算書を図で示すと図表57のとおりです。

図表57　行政コスト計算書の構成

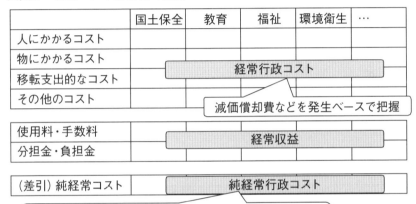

〇経常行政コスト

経常行政コストとは、「経常的な行政サービスを提供するために発生したコスト」のことです。具体的には、自治体が実施する福祉活動やごみの収集といった行政サービスに係る経費等が挙げられます。ここでポイントになるのは、減価償却費など官庁会計にはない発生主義特有の経費も含まれている点です。

〇経常収益

経常収益とは、「行政サービスの直接の対価として得られた収入」のことです。具体的には、行政サービスを受けた住民が受益者負担として支

払う使用料や手数料等が挙げられます。
○純経常行政コスト

純経常行政コストとは、「経常行政コストから経常収益を控除した差額」のことです。自治体は民間企業と異なり、営利目的で行財政を運営しているわけではないことから、利益ではなく、コストを計算します。

ここで算出された純経常行政コストは、地方税や地方交付税といった一般財源で賄われることとなります。この点については純資産変動計算書で表示されることから、純経常行政コストは純資産変動計算書に、純資産のマイナスとして転記されます。

行政コスト計算書を見てみよう

普通会計行政コスト計算書を取り上げ、行政コスト計算書の具体的内容を見てみましょう（図表58）。

【経常行政コスト】

経常行政コストは、コストを性質による分類と目的別による分類に分けて、マトリックス形式で表示されます。性質別分類と目的別分類をマトリックス形式で表示することで、例えば福祉の行政サービスを提供するために（目的別分類）、人件費や物件費などの経費（性質別分類）がどれくらい生じているのかが分かるようになっています。

性質別分類は、人にかかるコスト、物にかかるコスト、移転支出的なコスト、その他のコストから構成されます。

人にかかるコストは、「人件費」「退職手当引当金繰入等」「賞与引当金繰入額」が表示されます。退職手当引当金繰入等及び賞与引当金繰入額は、発生主義特有の科目で、当年度に負担すべき退職手当及び賞与が表示されます。

物にかかるコストは、「物件費」「維持補修費」「減価償却費」が表示されます。物件費は消耗品等の購入費、各種委託料等が該当し、維持補修費は建物等の修繕費等が該当します。減価償却費は有形固定資産

図表58　A市の普通会計行政コスト計算書

行政コスト計算書
（自　平成21年4月1日
　至　平成22年3月31日）

(単位：千円)

【経常行政コスト】

	目的別分類 性質別分類	総額	構成比率	生活インフラ・ 国土保全	教育	福祉		その他
1	(1) 人件費	4,677,308	17.1%	489,588	814,170	510,416		0
	(2) 退職手当引当金繰入等	430,326	1.6%	34,011	67,647	55,322		
	(3) 賞与引当金繰入額	287,972	1.1%	18,713	52,546	32,654		
	小　計	5,395,606	19.7%	542,311	934,364	598,392		0
2	(1) 物件費	3,017,586	11.0%	236,692	972,078	319,516		
	(2) 維持補修費	225,128	0.8%	197,554	18,924	60		
	(3) 減価償却費	3,120,616	11.4%	1,761,158	737,656	117,660		
	小　計	6,363,330	23.2%	2,195,404	1,728,658	437,236		
3	(1) 社会保障給付	6,162,948	22.5%		85,344	6,067,624		
	(2) 補助金等	5,275,996	19.3%	5,218	78,752	367,994		
	(3) 他会計等への支出額	3,670,624	13.4%	760,000	0	2,791,356		
	(4) 他団体への 公共資産整備補助金等	401,970	1.5%	42,732	3,750	249,340		
	小　計	15,511,538	56.6%	807,950	167,846	9,476,314		
4	(1) 支払利息	527,830	1.9%					
	(2) 回収不能見込計上額	△ 409,308	-1.5%					
	(3) その他行政コスト	0	0.0%					0
	小　計	118,522	0.4%	0	0	0		0
経常行政コスト a		27,388,996		3,545,665	2,830,868	10,511,942		0
（構成比率）				12.9%	10.3%	38.4%		0.0%

【経常収益】

								一般財源 振替額
1	使用料・手数料 b	551,388		107,052	65,262	68		349,724
2	分担金・負担金・寄附金 c	566,928		0	2,958	560,240		2,638
経常収益合計 (b+c) d		1,118,316		107,052	68,220	560,308		352,362
d／a		4.08%		3.0%	2.4%	5.3%		0.0%
(差引) 純経常行政コスト a−d		26,270,680		3,438,613	2,762,648	9,951,634	0	△ 352,362

の価値の減少を表す発生主義特有の科目です。

　移転支出的なコストは、「社会保障給付」「補助金等」「他会計等への支出額」「他団体への公共資産整備補助金等」が表示されます。

　その他のコストは、「支払利息」「回収不能見込計上額」「その他行政コスト」が表示されます。回収不能見込計上額は、未収金等の債権のうち回収が見込まれない部分の金額のことで発生主義特有の科目です。

　目的別分類は、「生活インフラ・国土保全」「教育」「福祉」「環境衛

生」といった行政目的別に区分して、経常行政コストの金額が表示されます。

【経常収益】
経常収益は、「1 使用料・手数料」「2 分担金・負担金・寄附金」に分類されます。
いずれも、主に行政サービスの対価としてサービスの提供を受けた者から徴収する料金であり、受益者負担額を示しています。

> 基準モデルにおける行政コスト計算書には、次のような特徴があります。
> ■ 経常費用を、経常業務費用と移転支出に区分するなど、表示科目が、総務省方式改訂モデルと異なります。

純資産変動計算書とは

「純資産の金額が貸借対照表で表示されていることはわかったけれど、その純資産は前年度に比べて増えているの？ 減っているの？」といった疑問に答えてくれるのが純資産変動計算書です。
すなわち、純資産変動計算書は、貸借対照表の純資産の部に計上されている各数値が前年度末から今年度末にかけて、どのように変動したかを表している財務書類です。

純資産変動計算書の構成要素

純資産変動計算書の様式は図表59のとおりです。
○純経常行政コストとその財源（①の部分）
純経常行政コストの金額と、これに対する財源が表示されます。純経常行政コストは行政コスト計算書で算定された金額がマイナス表示で転記されます。
純経常行政コストに対して地方税等の一般財源及び補助金等受入の金

図表59 純資産変動計算書の構成要素

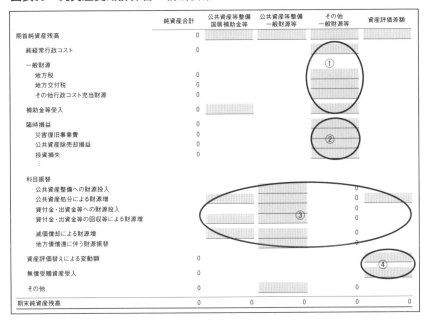

額がどの程度あるかを見ることにより、純経常行政コストが受益者負担以外の経常的な財源によりどの程度賄われているかがわかります。

○臨時損益（②の部分）

臨時損益とは、経常的ではない事由に基づく損益のことです。具体的には、公共資産の除売却や第三セクター等に対する債権の放棄等が挙げられます。

○科目振替（③の部分）

科目振替とは、財源の変動によって生じる純資産の内訳科目同士で行われる金額の増減のことです。具体的には、公共資産の整備といった資本的な支出があった場合に、これに伴い財源科目である純資産の内訳科目も変動すること等が挙げられます。

○資産評価に伴う増減（④の部分）

資産評価に伴う増減とは、資産の評価替えにより発生した差額及び無償で資産を受贈した場合の当該資産金額をいいます。具体的には、売却

可能資産や有価証券の時価評価に伴い発生する評価差額等が挙げられます。

純資産変動計算書を見てみよう

普通会計純資産変動計算書を取り上げ、純資産変動計算書の具体的内容を見てみましょう（図表60）。

【純経常行政コストとその財源】

純経常行政コストとその財源は、純経常行政コスト、一般財源、補助金等収入に分類されます。

純経常行政コストは、行政コスト計算書で算定された金額がマイナス表示で転記されます。

一般財源は、「地方税」「地方交付税」「その他行政コスト充当財源」から構成されます。「その他行政コスト充当財源」は、地方譲与税や財産収入などが該当します。

補助金等収入は、国庫支出金及び都道府県支出金の受入額が計上されます。

【臨時損益】

臨時損益は、災害復旧事業費、公共資産除売却損益、投資損失等に分類されます。

【科目振替】

科目振替は、「公共資産整備への財源投入」「公共資産処分による財源増」「貸付金・出資金等への財源投入」「貸付金・出資金等の回収等による財源増」「減価償却による財源増」「地方債償還に伴う財源振替」に分類されます。

「公共資産整備への財源投入」「貸付金・出資金等への財源投入」は、公共資産の整備や貸付金・出資金等への支出が行われることに伴い、財源が「その他一般財源」から「公共資産等整備一般財源等」へ振り

図表60　A市の普通会計純資産変動計算書

純資産変動計算書
（自　平成21年4月1日
　至　平成22年3月31日）

(単位：千円)

	純資産合計	公共資産等整備国県補助金等	その他一般財源等	資産評価差額
期首純資産残高	93,084,118	25,493,914	△ 12,097,482	73,484
純経常行政コスト	△ 26,270,680		△ 26,270,680	
一般財源				
地方税	7,783,828		7,783,828	
地方交付税	9,475,926		9,475,926	
その他行政コスト充当財源	1,618,128		1,618,128	
補助金等受入	7,873,782	430,494	7,443,288	
臨時損益				
災害復旧事業費	△ 38,206		△ 38,206	
公共資産除売却損益	10,804		10,804	
投資損失	△ 1,442		△ 1,442	
損失補償等引当金繰入等	0		0	
科目振替				
公共資産整備への財源投入			△ 1,172,432	
公共資産処分による財源増		0	0	0
貸付金・出資金等への財源投入			△ 550,920	
貸付金・出資金等の回収等による財源増		0	221,442	0
減価償却による財源増		△ 775,882	3,120,616	0
地方債償還等に伴う財源振替			△ 2,003,698	
資産評価替えによる変動額	12,028			12,028
無償受贈資産受入	0			0
その他	0		0	
期末純資産残高	93,548,286	25,148,526	△ 12,460,828	85,512

替えられることを表しています。

「公共資産処分による財源増」「貸付金・出資金等の回収等による財源増」は、公共資産の処分や貸付金・出資金等の回収が行われることに伴い、財源が「公共資産等整備一般財源等」から「その他一般財源」へ振り替えられることを表しています。

「減価償却による財源増」は、公共資産の減価償却（価値減少）により、財源が「公共資産等整備一般財源等」から「その他一般財源」へ振り替えられることを表しています。

「地方債償還に伴う財源振替」は、公共資産等整備のために発行され

た地方債の償還等により、公共資産等整備の財源のうち地方債によって賄われていた部分が一般財源に置き換わることから、財源が「その他一般財源」から「公共資産等整備一般財源等」へ振り替えられることを表しています。

【資産評価に伴う増減】

資産評価に伴う増減は、「資産評価替えによる変動額」「無償受贈資産受入」に分類されます。

「資産評価替えによる変動額」は、貸借対照表に計上された資産の評価の当年度増減額が計上されます。

「無償受贈資産受入」は、寄附等により無償で資産を受贈した場合における、当該無償受贈資産の受贈時の価額が計上されます。

> 基準モデルにおける純資産変動計算書には、次のような特徴があります。
> - 基準モデルの純資産変動計算書は、資源の調達と配分が詳細に表示されます。
> - 当期変動額を、財源変動の部と資産形成充当財源変動の部に区分するなど、表示科目が、総務省方式改訂モデルと異なります。

資金収支計算書とは

「私が住んでいる市の資金の流れはどのようになっているの？」といった疑問に答えてくれるのが資金収支計算書です。

すなわち、資金収支計算書は、資金の流れを、性質の異なる3つの区分（活動）に分けて表示した財務書類です。3つの区分とは、「経常的収支の部」「公共資産整備収支の部」及び「投資・財務的収支の部」です。

資金収支計算書の構成要素

資金収支計算書を図で示すと図表61のとおりです。

図表61　資金収支計算書の構成

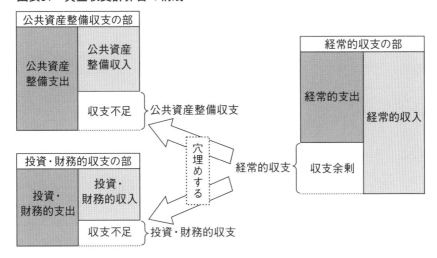

○経常的収支の部

　経常的収支は、自治体が日常行っている行政活動に係る資金収支のことです。具体的には、人件費や物件費などの支出と税収や手数料などの収入が計上されます。

○公共資産整備収支の部

　公共資産整備収支は、公共事業に伴う資金の使途とその財源に係る資金収支のことです。具体的には、有形固定資産の取得などの公共資産整備に伴う支出とその財源である補助金、地方債発行などによる収入が計上されます。

○投資・財務的収支の部

　投資・財務的収支は、投資活動や地方債の償還といった財務活動に係る資金収支のことです。具体的には、出資、貸付、基金の積み立て、地方債の償還などによる支出とその財源である補助金、貸付金元金の回収などの収入が計上されます。

○3つの区分の関係

　資金収支計算書の上記3つの区分は、経常的収支の部で生じた収支余剰（黒字）で公共資産整備収支の部と投資・財務的収支の部の収支不足

（赤字）を穴埋めするという関係になります。

■ 資金収支計算書を見てみよう

普通会計資金収支計算書を取り上げ、資金収支計算書の具体的内容を見てみましょう（図表62）。

【経常的収支の部】

経常的収支の部は、経常的支出、経常的収入に分類されます。

経常的支出は、「人件費」「物件費」「社会保障給付」「補助金等」などの日常の行政活動を行うに当たって必要な支出が計上されます。また、歳入歳出決算書では公債費に含まれている地方債の利息部分や、他会計等に対する繰出金のうち事務費相当額も経常的収支の部に計上されます。

経常的収入は、「地方税」「地方交付税」「国庫補助金等」などの日常の行政活動を賄う収入が計上されます。また、ここで計上されている地方債発行額は、経常的支出を賄うだけの収入が無く、このため臨時財政対策債などのいわゆる赤字地方債を発行したことを表しています。

【公共資産整備収支の部】

公共資産整備収支の部は、公共資産整備支出、公共資産整備収入に分類されます。

公共資産整備支出は、自団体における公共資産の整備のために支出した「公共資産整備支出」、公共資産整備目的で他団体に支出した「公共資産整備補助金等支出」、他会計への繰出金や補助費等のうち建設費に充てられる支出である「他会計等への建設費充当財源繰出支出」が計上されます。

公共資産整備収入は、公共資産整備支出の財源となった「国県補助金等」「地方債発行額」「基金取崩額」などが計上されます。

図表62　A市の普通会計資金収支計算書

資金収支計算書
自　平成21年4月1日
至　平成22年3月31日

（単位：千円）

1　経　常　的　収　支　の　部	
人件費	5,635,172
物件費	3,017,586
社会保障給付	6,162,948
〜〜〜〜〜〜〜〜〜〜〜〜〜〜	〜〜〜〜〜
地方債発行額	1,350,200
基金取崩額	172,646
その他収入	1,338,220
収　　入　　合　　計	28,343,582
経　常　的　収　支　額	4,633,056

2　公　共　資　産　整　備　収　支　の　部	
公共資産整備支出	2,372,444
公共資産整備補助金等支出	401,970
他会計等への建設費充当財源繰出支出	234,190
支　　出　　合　　計	3,008,604
国県補助金等	662,940
地方債発行額	832,000
基金取崩額	0
その他収入	59,494
収　　入　　合　　計	1,554,434
公　共　資　産　整　備　収　支　額	△ 1,454,170

3　投　資　・　財　務　的　収　支　の　部	
投資及び出資金	0
貸付金	370,000
基金積立額	18,188
定額運用基金への繰出支出	2,850
他会計等への公債費充当財源繰出支出	608,774
地方債償還額	2,672,984
長期未払金支払支出	38,100
支　　出　　合　　計	3,710,896
国県補助金等	0
貸付金回収額	420,790
基金取崩額	0
地方債発行額	0
公共資産等売却収入	10,804
その他収入	238,710
収　　入　　合　　計	670,304
投　資　・　財　務　的　収　支　額	△ 3,040,592

翌年度繰上充用金増減額	0
当年度歳計現金増減額	138,294
期首歳計現金残高	993,998
期末歳計現金残高	1,132,292

【投資・財務的収支の部】

　投資・財務的収支の部は、投資・財務的支出、投資・財務的収入に分類されます。

　投資・財務的支出は、「投資及び出資金」「貸付金」「基金への積立額」

「地方債償還額」、他会計の借金返済に充当するための支出である「他会計等への公債費充当財源繰出支出」などが計上されます。

投資・財務的収入は、投資・財務的支出の財源となった国県補助金等、貸付金の回収額、公共資産の売却収入などが計上されます。

> 基準モデルにおける資金収支計算書には、次のような特徴があります。
> ■経常的収支、資本的収支、財務的収支に区分するなど、表示科目が、総務省方式改訂モデルと異なります。

財務書類4表の関係はどうなっているのか

財務書類は4つの表から構成されていますが、4表の関係を示したのが図表63です。

矢印で結ばれているところは金額が一致しており、財務書類が結びつ

図表63 財務4表の関係

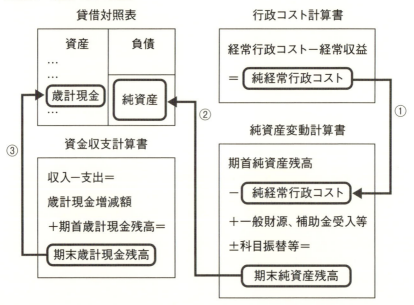

いていることを表しています。その具体的内容は次のとおりです。
○行政コスト計算書と純資産変動計算書の関係（①の関係）

　純資産変動計算書の純経常行政コストは、行政コスト計算書の純経常行政コストの金額が転記されます。すなわち、行政コスト計算書は純資産変動計算書の純経常行政コストについて内訳を説明した財務書類ということができます。

○貸借対照表と純資産変動計算書の関係（②の関係）

　貸借対照表の純資産は、純資産変動計算書の期末純資産残高と一致します。すなわち、純資産変動計算書は貸借対照表の純資産の一会計期間における増減を説明した財務書類ということができます。

　純資産変動要因の主なものは、純経常行政コスト（純資産の減少要因）と一般財源、補助金受入等（純資産の増加要因）ですので、（A）純経常行政コストが一般財源、補助金受入等を上回れば純資産が減少し、逆に、（B）一般財源、補助金受入等が純行政コストを上回れば純資産が増加することになります。

　ところで、貸借対照表は、左側が資産（財産）、右側が負債及び純資産（財産の財源）となっており、必ず左側の合計額と右側の合計額とが一致します。このため、（A）純資産が減少する場合は、資産が減少するか、あるいは負債が増加することになります。逆に、（B）純資産が増加する場合は、資産が増加するか、あるいは負債が減少することになります。

　以上から、（A）純資産変動計算書において、純経常行政コストが一般財源、補助金受入等を上回る（一般財源および補助金等で純経常行政コストを賄いきれない）場合には、将来世代へ引き継ぐ財産を取り崩すか、あるいは将来世代の負担である負債を増加させる結果になります。逆に、（B）一般財源、補助金受入等が純経常行政コストを上回る（一般財源および補助金等で純経常行政コストを賄ったうえで、余剰が生じる）場合には、将来世代へ引き継ぐ財産をさらに蓄積するか、あるいは将来世代の負担である負債を減少させる結果になります。

○貸借対照表と資金収支計算書の関係（③の関係）

　資金収支計算書の期末歳計現金残高は、貸借対照表の歳計現金残高と

一致します。すなわち、資金収支計算書は貸借対照表に計上されている歳計現金の一会計期間における増減を説明した財務書類ということができます。

▮ 統一的な基準に基づく財務書類

統一的な基準に基づく財務書類については、その様式を章末に載せておきました。

作成すべき財務書類は貸借対照表、行政コスト計算書、純資産変動計算書、資金収支計算書の4表である点に変わりはありません。これまで

図表64　財務書類作成の変更点

項　　目	主な変更点
貸　借　対　照　表	○公共資産・投資等・流動資産から固定資産・流動資産の区分に ○勘定科目の見直し（有形固定資産について行政目的別（生活インフラ・国土保全・教育等）から性質別（土地、建物等）の表示に変更等） ○純資産の部の内訳について、公共資産等整備国県補助金等・公共資産等整備一般財源等・その他一般財源等・資産評価差額から、固定資産等形成分・余剰分（不足分）の区分に簡略化 ○償却資産について、その表示を直接法から間接法に（減価償却累計額の明示）
行政コスト計算書	○経常行政コスト・経常収益の区分から経常費用・経常収益・臨時損失・臨時利益の区分に ○性質別・目的別分類の表示から性質別分類のみの表示に（目的別分類は附属明細書で表示）
純資産変動計算書	○内訳の簡略化（財源情報の省略）
資金収支計算書	○業務活動収支・投資活動収支・財務活動収支に区分の名称変更 ○区分ごとの支出と財源の対応関係の表示から活動区分別の表示に（地方債発行の例：改訂モデルではその性質に応じた区分に計上していたが、統一的な基準では財務活動収支に計上）

見てきた総務省方式改訂モデルとの違いは図表64のとおりです。

連結財務書類とは

　連結財務書類とは、普通会計のほか、自治体を構成するその他の公営事業会計や、自治体と連携協力して行政サービスを実施している関係団体や法人を1つの行政サービス実施主体とみなして作成した財務書類です。

図表65　連結財務書類の構成

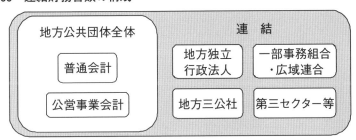

　自治体が提供する行政サービスは、普通会計で実施している事業のほか、水道事業、下水道事業あるいは病院事業といった公営事業会計で行われている事業もあります（第1編第4章参照）。また、自治体によっては、地方三公社（土地開発公社、地方道路公社、地方住宅供給公社）、地方独立行政法人あるいは第三セクター等を通じて行政サービスを提供している事業もあります。さらには、広域的に行政サービスを実施している一部事務組合や広域連合に加入している場合もあります。このように、自治体はさまざまな方法を使って行政サービスを提供しています。

　したがって、自治体の財政状態、行政コストや資金収支の状況を理解する場合は、普通会計のみならず、自治体が実施する行政サービス全体を捉えて理解することが重要となることから、連結財務書類が作成されます。

　連結財務書類の作成方法は次のとおりです。
　①　普通会計のほか、公営事業会計等の各会計・団体（以下、連結対象会計・法人等といいます。）ごとに、個別財務書類を作成する。

② 連結対象会計・法人等の個別財務書類を、単純合算する。
③ 連結対象会計・法人等の間で行われる内部取引を集計し、相殺消去する。

連結財務書類は、連結対象会計・法人等を1つの行政サービス実施主体とみなしています。このため、連結対象会計・法人等の間で行われる、出資と当該出資の受入れ、貸付けと借入れ、資金の繰入れと繰出し等のグループ内部の取引は、グループ全体で見れば取引が行われていないのと同様であることから相殺消去を行います。

図表66　連結財務書類の作成方法

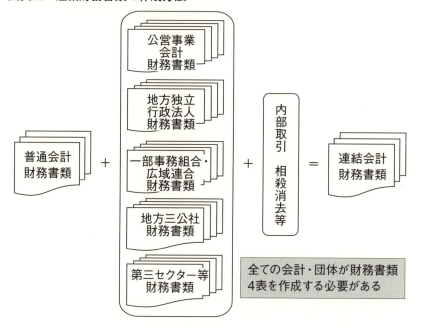

統一的な基準における連結会計

統一的な基準でも連結財務書類を作成します。ただし、総務省方式改訂モデルとは若干、単位が異なっています。

総務省方式改訂モデルは「普通会計」という単位がありましたが、統一的な基準では「一般会計等」という単位になっています。普通会計と

図表67　統一的な基準における財務書類

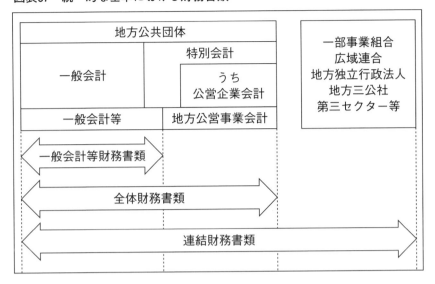

一般会計等とはほとんど同じです。実際、両者が同じという団体もあります。一般会計等という単位は、第1編8章で見た「地方公共団体の財政の健全化に関する法律」で出てくる考え方であり、そこと整合させる形になっています。

> **本章のまとめ**
> - 新公会計制度における財務書類には「普通会計財務書類」と「連結財務書類」があり、それぞれ、財務書類4表が作成されています。「連結財務書類」は普通会計に加え公営事業会計や第三セクター等といった自治体に関連する会計および団体全体を対象としています。
> - 貸借対照表は、自治体の会計年度末における財政状態を示す財務書類です。また、行政コスト計算書は、一会計期間における行政サービスに係る経費（人にかかるコスト、物にかかるコスト、移転支出的なコスト等）とその行政サービスの直接の対価として得られた収入（使用料・手数料等）を対比させた財務書類です。
> - 純資産変動計算書は、貸借対照表の純資産の部に計上されている各数値が前年度末から今年度末にかけて、どのように変動したかを表して

いる財務書類です。また、資金収支計算書は、資金の流れを、性質の異なる3つの区分(経常的収支の部、公共資産整備収支の部、投資・財務的収支の部)に分けて表示した財務書類です。

統一的な基準による財務書類様式

貸借対照表
(平成　年　月　日現在)

(単位：　)

科目	金額	科目	金額
【資産の部】		【負債の部】	
固定資産		固定負債	
有形固定資産		地方債	
事業用資産		長期未払金	
土地		退職手当引当金	
立木竹		損失補償等引当金	
建物		その他	
建物減価償却累計額		流動負債	
工作物		1年内償還予定地方債	
工作物減価償却累計額		未払金	
船舶		未払費用	
船舶減価償却累計額		前受金	
浮標等		前受収益	
浮標等減価償却累計額		賞与等引当金	
航空機		預り金	
航空機減価償却累計額		その他	
その他		負債合計	
その他減価償却累計額		【純資産の部】	
建設仮勘定		固定資産等形成分	
インフラ資産		余剰分（不足分）	
土地			
建物			
建物減価償却累計額			
工作物			
工作物減価償却累計額			
その他			
その他減価償却累計額			
建設仮勘定			
物品			
物品減価償却累計額			
無形固定資産			
ソフトウェア			
その他			
投資その他の資産			
投資及び出資金			
有価証券			
出資金			
その他			
投資損失引当金			
長期延滞債権			
長期貸付金			
基金			
減債基金			
その他			
その他			
徴収不能引当金			
流動資産			
現金預金			
未収金			
短期貸付金			
基金			
財政調整基金			
減債基金			
棚卸資産			
その他			
徴収不能引当金		純資産合計	
資産合計		負債及び純資産合計	

行政コスト計算書

自 平成　年　月　日
至 平成　年　月　日

(単位：　　)

科目	金額
経常費用	
業務費用	
人件費	
職員給与費	
賞与等引当金繰入額	
退職手当引当金繰入額	
その他	
物件費等	
物件費	
維持補修費	
減価償却費	
その他	
その他の業務費用	
支払利息	
徴収不能引当金繰入額	
その他	
移転費用	
補助金等	
社会保障給付	
他会計への繰出金	
その他	
経常収益	
使用料及び手数料	
その他	
純経常行政コスト	
臨時損失	
災害復旧事業費	
資産除売却損	
投資損失引当金繰入額	
損失補償等引当金繰入額	
その他	
臨時利益	
資産売却益	
その他	
純行政コスト	

純資産変動計算書

自 平成　年　月　日
至 平成　年　月　日

(単位：　)

科目	合計	固定資産等形成分	余剰分（不足分）
前年度末純資産残高			
純行政コスト（△）			
財源			
税収等			
国県等補助金			
本年度差額			
固定資産等の変動（内部変動）			
有形固定資産等の増加			
有形固定資産等の減少			
貸付金・基金等の増加			
貸付金・基金等の減少			
資産評価差額			
無償所管換等			
その他			
本年度純資産変動額			
本年度末純資産残高			

資金収支計算書

自 平成　年　月　日
至 平成　年　月　日

(単位：　)

科目	金額
【業務活動収支】	
業務支出	
業務費用支出	
人件費支出	
物件費等支出	
支払利息支出	
その他の支出	
移転費用支出	
補助金等支出	
社会保障給付支出	
他会計への繰出支出	
その他の支出	
業務収入	
税収等収入	
国県等補助金収入	
使用料及び手数料収入	
その他の収入	
臨時支出	
災害復旧事業費支出	
その他の支出	
臨時収入	
業務活動収支	
【投資活動収支】	
投資活動支出	
公共施設等整備費支出	
基金積立金支出	
投資及び出資金支出	
貸付金支出	
その他の支出	
投資活動収入	
国県等補助金収入	
基金取崩収入	
貸付金元金回収収入	
資産売却収入	
その他の収入	
投資活動収支	
【財務活動収支】	
財務活動支出	
地方債償還支出	
その他の支出	
財務活動収入	
地方債発行収入	
その他の収入	
財務活動収支	
本年度資金収支額	
前年度末資金残高	
本年度末資金残高	

前年度末歳計外現金残高	
本年度歳計外現金増減額	
本年度末歳計外現金残高	
本年度末現金預金残高	

4章 新地方公会計制度の課題

本章のテーマ

新しい制度ができたことですべてが上手くいくのでしょうか。新制度の利活用方法なども併せて解説します。

新地方公会計制度の目的

　平成19年10月に総務省から「新地方公会計制度実務研究会報告書」が公表され、新地方公会計制度がスタートしてから、数年が経過しています。1章のところで見た、財務書類の作成状況では、何らかのモデルにより財務書類を作成している地方公共団体は全体の7割近くになり、作成に着手している団体では、9割を超える結果となっています。

　また、基準モデルや総務省方式改訂モデル、東京都モデルに加え、大阪府や愛知県などでも独自のモデルを作成し、財務書類作成の仕組みを構築しようとしています。

　このように、各地方公共団体では財務書類の作成が推進され、その整備・作成は浸透しつつあるのですが、この活用ということになると多くの地方公共団体で足踏み状態にあるのが現状のようです。

　財務書類の作成はあくまでも、自治体の行政改革や、資産・債務改革等に資するツールの整備ということができます。このため、財務書類の作成のみで終わっていては、作成にかかる時間・コストの無駄ということになりますし、逆にいえば、新地方公会計改革の目的に資する財務書類を作成することが必要といえます。

　ここで、改めて、新地方公会計制度の目的を考えますと、平成18年5月に公表された「新地方公会計制度研究会報告書」によれば、図表68にある5つが挙げられています。

図表68　新地方公会計制度整備の具体的な目的

> ① 資産・債務管理
> ② 費用管理
> ③ 財務情報のわかりやすい開示
> ④ 政策評価・予算編成・決算分析との関係付け
> ⑤ 地方議会における予算・決算審議での利用

①は、自治体の保有する資産・債務を明らかにし、これを管理することを目的としています。従来の歳入・歳出決算では、1年間の資金の出入り、つまりフローの観点のみで決算が組まれていました。新地方公会計制度では、この視点に加え、残高として残っている資産・債務（ストック）を明らかにし、この管理を行うことを目的としています。

また、②や④は財務書類をコスト管理や自治体の施策との関連付けに用いて行政サービスの管理を行うことを目的としており、企業会計で言うところの管理会計の視点による目的ということができます。

さらに、③や⑤は、住民や議会に対する説明責任の履行を目的としており、企業会計でいうところの財務会計の視点による目的ということができます。

このような目的の達成のため、新地方公会計制度は整備されて行くべきであり、また、新地方公会計制度の効果が現れてくるものと考えられます。

これらをまとめると、新地方公会計制度の効果は、図表69のようになります。

図表69　新地方公会計制度の効果

> ・住民や議会に対する開示（透明性の向上・説明責任の履行）
> ・行政経営への活用（行政経営マネジメント）
> ・資産・債務の適切な管理（資産債務改革）

現状では、これらの効果を得られるよう新地方公会計制度による財務書類を活用していくことが、課題であるということができます。

住民や議会に対する開示

会計の役割としては、住民や議会に対する開示によって説明責任（アカウンタビリティー）を果たす効果があります。

一般企業、特に株式会社では、株主が投資した資金を元に、株主とは異なる経営の専門家が事業を行っており、これを所有と経営の分離といっています。

この所有と経営の分離のもとでは、企業の所有者である株主は、経営者が何を行っているか、自分の資金を任せるに足るのかを知ることは、立場的にも、能力的にも難しいことが多いといわれています（これを「情報の非対称性」といいます）。しかし、このような状況では株主が投資を行わなくなってしまうため、経営者は自らの業績を示すような財務諸表を作成して、説明責任を果たすことになります。

図表70　受託責任

自治体は住民から徴収した税金等により行政サービスを行っています。公会計の理論上、徴収された税金が資本にあたるのか、売上にあたるのかについては議論がありますが、いずれにしても住民から徴収した税金の使途については自治体には説明責任があると考えられます。

これについて、新地方公会計制度のもと、多くの団体が財務書類の作成・公表を行っていますが、「財務書類を作成したので公表している」といったレベルでのスタンスのものも多く、住民に対し何を開示し主張しているかが不明確であるというような課題があります。

また、住民の大半は会計を理解しているわけではないことから、会計に詳しくない人でも理解できるように開示を行う必要がありますし、現在、住民が行政に対しどのような関心を持っているかについても配慮した開示を行うことも重要です。

このことから、住民や議会の必要としている情報を絞り込み、これに焦点をあてた分析を行い、視覚的にもわかりやすい公表資料を作成することが望まれています。

視点としては、将来世代に残る資産はどれくらいあるのか、現世代・将来世代の負担はどれくらいなのか、行政サービスが効率的に行われているのかに加え、将来行政サービスを持続的に行っていけるのかなどがあります。これらの視点により分析を行い、わかりやすい開示を行うことが必要です。

図表71　住民視点ごとの分析指標例

視点	指標例
将来世代に残る資産	・住民1人当り資産額 ・有形固定資産減価償却率
現世代・将来世代の負担	・純資産比率 ・社会資本等形成の世代間負担比率
行政サービスの効率性	・住民1人当り行政コスト ・行政目的別行政コスト比率
財政の持続可能性	・住民1人当り負債額 ・基礎的財政収支

行政経営への活用

一般企業においては、作成された財務情報は財務会計のみならず、管理会計の視点により利用されています。例えば、予算策定及び予算管理、設備投資の計画や、部門別業績測定、原価計算によるコスト管理などが一般的によく利用される手法といえます。

しかし、新地方公会計制度においては、作成された財務書類や、その集計元となったデータを内部管理に用いている団体は多くはありません。また、収集したデータをもとに内部管理用の分析資料を作成しても、これが具体的に利用されず、参考資料となってしまっている団体も見られます。新制度開始から間もないこともありますが、会計データの内部

利用の手法については今後の課題となっています。

では、具体的にはどのように行政経営へ活かして行くのでしょうか。

平成22年3月公表の「地方公共団体における財務書類の活用と公表について（地方公会計の整備促進に関するワーキンググループ）」には、図表72のような手法が挙げられています。

図表72　「地方公共団体における財務書類の活用と公表について」上の手法

①　財政運営上の目標設定・方向性の検討
②　行政評価との連携
③　施策見直しのツールとしての活用
④　予算編成への活用
⑤　資産の適正な管理
⑥　職員の意識改革
⑦　IR資料等としての活用
⑧　地方議会での活用

行政経営に活用し、行政改革へとつなげていくには、行政サービスを細分化し、細分化された区分ごとに分析を行うことが必要と考えられます。この観点からは特に、行政経営に活かされるべき手法としては、①～③の手法が直接的に活用可能と思われます。具体的な活用の方法は、以下のような手法が考えられます。

①　財政運営上の目標設定・方向性の検討

自治体は、中長期の財政計画を策定し、将来の数年間（3～10年程度）の歳入歳出総額の見込額を算出しています。

これを用いることで、当該計画をもとに年度ごとの行政コスト計算書を作成し、財政計画期間最終年度の貸借対照表の作成が可能です。作成された財務書類について、財務書類の作成、分析で計算した分析指標を計算しこれを比較することで、将来予想される財政状態を知ることが可能となります。また、将来目標とする財政状況が定まっていれば、これを元に財政計画に立ち返り、どのような対応が必要か分析することも可能です。

4章　新地方公会計制度の課題

図表73　中長期財政計画を用いた将来貸借対照表

(単位：百万円)

	基準年度	計画終了年度	目標
固定資産	4,000	3,800	3,800
流動資産	200	300	300
資産合計	4,200	4,100	4,100
地方債	2,000	2,200	1,800
退職給与引当金	500	400	400
負債合計	2,500	2,600	2,200
純資産	1,700	1,500	1,900
負債純資産合計	4,200	4,100	4,100
純資産比率	59.5%	63.4%	53.7%
将来世代負担比率	50.0%	57.9%	47.4%

　例えば、図表73において、基準年度末では社会資本形成の将来世代負担比率（図では地方債÷固定資産）が50％ですが、財政計画をもとに計画終了時の貸借対照表を作成すると将来世代負担比率は57.9％となり、より悪化してしまうことになっています。ここで、将来世代負担比率を抑えることを目標として、目標貸借対照表を逆算し、財政計画を算定することで、目標に沿った財政計画を立てられることになります。

② 　行政評価との連携

　財務書類のうち、行政コスト計算書は自治体の行った行政サービスについて、減価償却費なども含めた、発生主義ベースのフルコストが集計されています。このため、行政コスト計算書を事業別・施設別に細分化して作成し、行政評価で得られた、事業別・施設別の評価と比較を行うことで、正確なコストと便益の関係が明らかになり、行政サービスの適切な評価につながります。

　また、行政コスト計算書では、行政コストに対しその受益者負担分である使用料・手数料も合わせて表示されるため、負担とコストの関係が把握できます。一方、行政評価では、便益とコストの関係を把握するこ

とができますので、両者を連携させることで、便益と負担の関係をコストを介して知ることができ、これを行政サービスに活かすことができます。

図表74　公会計と行政評価との関連イメージ

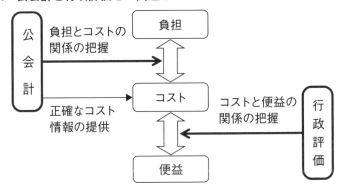

③　施策見直しのツールとしての活用

　行政評価と連携し、施設ごとに便益と負担の関係を示すことができると、これを用いて、施策の見直しや、施設の統廃合への情報提供が可能となることがあります。

　図表75において、施設別行政コスト計算書と、行政評価により得られた情報、及びその関連指標の一部を示しています。

　施設A、施設B、施設Cを同種同規模の施設であると仮定しますと、利用者数では、施設Bが多く、行政サービスの効果は高いようにも見えます。

　しかし、公会計により計算されたコストを利用者数で除した1人当り行政コストを見ますと、施設Aが最も低く、より低いコストで利用者を獲得していることがわかります。

図表75　施設別行政コスト計算書

(単位：千円)

	施設A	施設B	施設C
経常行政コスト			
人件費	3,500	5,300	3,300
物件費	1,400	1,600	1,400
減価償却費	1,800	1,700	2,600
その他	300	400	400
経常行政コスト合計	7,000	9,000	7,700
経常収益			
利用料・手数料	1,600	1,900	1,700
その他	200	300	200
経常収益合計	1,800	2,200	1,900
純行政コスト	5,200	6,800	5,800
利用者数(人)	130	160	135
1人当りコスト	53.8	56.3	57.0
受益者負担率	22.9%	21.1%	22.1%
1人当り利用料・手数料	12.3	11.9	12.6

　仮にこの際用いるコストを現金主義による歳出ベースのものとしますと、1人当りコストは（経常行政コスト合計－減価償却費）／利用人数で計算されますが、この計算では、施設Cが最も1人当りコストが低いことになってしまいます（図表76参照）。

　施設の設立時に得られる補助金等の条件により一概に判断できませんが、一般的には減価償却も含めたフルコストにより比較を行わないと、当初の投資額も含めた比較にならないため、施設の評価を誤ってしまうおそれがあります。このため、新地方公会計制度に基づく考え方が必要になるのです。

　また、この施設別行政コスト計算書を作成すると、行政コストの項目から、施設のコストを捉えることができます。例えば、施設Bは他の施

図表76　施設別行政コスト計算書（歳出ベース）

（単位：千円）

	施設A	施設B	施設C
経常行政コスト合計	7,000	9,000	7,700
（控除）減価償却費	1,800	1,700	2,600
歳出ベースコスト	5,200	7,300	5,100
利用者数(人)	130	160	135
1人当たりコスト（歳出ベース）	40.0	45.6	37.8

設に比べ、人件費・物件費が相対的に多く、減価償却費が少なくなっています。これは、施設Bがあまり施設そのものにお金をかけず、年間の行政サービスにお金をかけていることを表しています。これに対し施設Cは年間の行政サービスはそれほどコストをかけず、施設そのものにお金をかけたことがわかります。

さらに、行政コスト計算書の利用料・手数料と行政コストの比率を算出することで、発生したコストが、受益者、つまり直接利用者にどの程度負担されているかがわかります。施設Bや施設Cは施設Aよりも受益者負担率は低くなっており、その分利用しない人の税金等から賄われていることがわかります。

資産債務改革へ向けて

（1）固定資産台帳の整備

新地方公会計制度では貸借対照表の作成が求められています。貸借対照表の作成には適切な資産の台帳の作成が求められます。

固定資産台帳は、採用している自治体数が最も多い総務省方式改訂モデルにおいては段階的な導入が認められていますので、整備がこれからという団体が多くなっています。また、基準モデルにおいては導入初年度から作成が求められてはいますが、導入までに期間も無く、精度の低

いものとなってしまっている団体もあり、精度の高い固定資産台帳を作成することがこれからの課題となっています。

また、ただ固定資産台帳を作成するだけでなく、あわせて、固定資産の管理マニュアル等の整備を行うことが望まれます。現状でも公有財産台帳などにより財産は管理されていますが、実際には現物と不整合があるケースがよく見られます。このようなケースを避けるためにも、台帳の登録・削除の手続についてマニュアルを定めると共に、一定期間に一度は固定資産の実査を行い、台帳との不整合を発見する手続も盛り込まれることが望まれます。

（２）　資産管理への財務書類データ等の活用

平成27年３月時点の総務省の調べによると、平成25年度決算において財務書類を作成または作成中の団体は、全体の９割以上にのぼっていますが、資産管理へ活用している団体は約10パーセントにとどまっています。総務省方式改訂モデルを採用する団体が多いため、固定資産台帳を作成し、活用している団体はまだ少ないのが実態のようです。

総務省方式改訂モデルでは、売却可能資産を科目にて表示しますし、基準モデルでも売却可能資産の注記が求められます。このため、固定資産台帳上売却可能資産であるかどうかの区分は明確になっており、例えば、固定資産台帳から売却可能資産を抽出しこの利活用の検討を行い、活用の目処のつかない資産については早期の売却を行い、その他の利用や債務返済などに充てるなどにより、有効な資産管理を行うことができます。

また、固定資産台帳から減価償却の状況を抽出し、各施設の将来的な見通しを立てるうえでの情報として使用することができます。減価償却はあくまでも資産の価値の使用を仮定計算により算定するものであり、正確な老朽化の指標ではありません。しかし、個々の資産ごとに、適切な耐用年数を定め、過去に取得した同様の物件の状況を知ることで、おおよそどのくらい後に施設整備が必要となるかの指標の１つとして利用することができます。減価償却の情報を正確に集計することで、施設の修繕等の計画や、また、前述した施設ごとの財務書類の分析と合わせる

ことで、施設の廃止や統合も視野に入れた計画的な資産管理が可能となります。

（3） 債権管理・債務管理への財務書類データ等の活用

同様に、財務書類作成の過程により整備できる情報に未収金の内訳表があります。未収金（収入未済）の内訳そのものは、税務課などで保有しているものなどをベースに作成するため、情報そのものが改めて作成されるものではありません。しかし、このデータを用い、例えば、未収金をその滞納年数ごとに分類した年齢表を作成し、さらに、全ての未収額について名寄せを行うことで、その個別の年齢表から回収可能性を判断することができます。これをもとにすることで、回収可能性の高低を考慮した効率的な回収を行うことが可能となります。

固定資産の分析から把握された余剰施設の売却、債権の効率的管理による資産のスリム化で、自治体に余剰資金が発生します。これをただちに債務の縮減財源に充てることは難しいですが、将来の発行額を抑えることは可能となり、これにより、中長期的には公債費の削減につながることになります。

図表77　資産債務改革イメージ

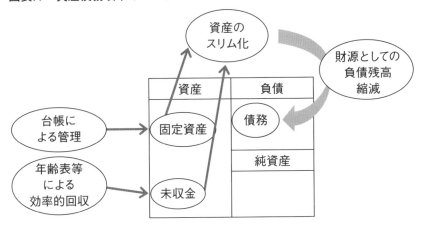

その他新地方公会計制度の課題

　これまで、新地方公会計制度に関する行政経営管理ツールとしての課題を挙げてきましたが、すでに述べたように、一部の自治体を除くと、このような活用手法は用いられておらず、これが課題となっているのが実情です。

　財務書類の活用が行われないことについては、さまざまな原因が考えられています。そして、この原因の解決こそが、新地方公会計制度の根本的課題であり、対応すべき点であるといえるのです。

　まず、原因の1つは、この新地方公会計制度の取り組みが全庁的に行われていないといった点にあります。財務書類を作成している団体でも、その作成過程のほとんどを財政課などの担当課のみが行っている団体が相当数あります。財務書類作成自体は、財政課のみで行えるかもしれませんが、その分析・活用のためには、自治体の各課の理解が不可欠です。その理解を促進し、分析・活用を促進することを目指し、国は統一的な基準の公表に合わせて、「財務書類等活用の手引き」を「人口減少

図表78　活用例

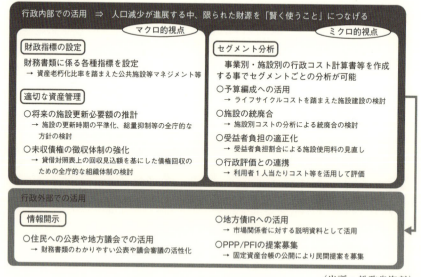

（出所：総務省資料）

が進展する中、限られた財源を『賢く使うこと』につなげる」というメッセージとともに発信しています。ここでは、行政内部での活用と行政外部での活用例として、いくつかの例が示されています。

　このような分析・活用事例について十分に理解し、実践していくことが今後の課題であると言えます。

　また、これまで、財務書類が十分に活用されていない点や、全庁的理解が不足しているといった点は、そもそも財務書類の作成やその活用については自治体の努力義務程度のものであるという認識に起因しているのかもしれません。財務書類を行政経営管理のためのツールとして有効活用するためには、各担当部局の責任と財務データを結びつけて評価をするといった考え方も一考です。

　また、人事ローテーションによる財政課職員の財務書類作成能力への影響という問題があります。もちろん、癒着の排除やゼネラリストの育成など、人事ローテーションにより得られるメリットも多くありますが、ある程度の専門知識を有していないと財務書類の作成・分析は容易ではありませんし、頻繁に人事ローテーションがなされることで、職員の学習意欲も薄れてしまう可能性があります。この解決のため、専門的人材の育成、外部専門家の利用、または、精緻なマニュアルの作成など内部の仕組みづくりが重要な課題となります。

　適切に財務書類が作成され、分析により課題が抽出され、これに対し責任者が対応策を策定し、実行に移すことで、行政経営の改善が実行されるのです。この、P(Plan)、D(Do)、C(Check)、A(Action)のサイクルがうまく働くような仕組みづくり、財務書類の作成、開示及びその利用にわたり、誰が作成し誰がチェックを行うのか、また誰が責任を負うのか、誰が利用しどのように活用されるのかといった一連の流れについて適切に活用されるような仕組みづくりこそが、新地方公会計制度の一番の課題であるといえそうです。

図表79　PDCAサイクル

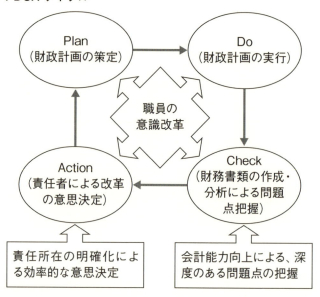

本章のまとめ

- 新地方公会計制度の具体的な目的としては、資産・債務管理、費用管理、財務情報のわかりやすい開示、政策評価・予算編成・決算分析との関係付け、地方議会における予算・決算審議での利用が挙げられています。
- 新地方公会計制度の効果としては、住民や議会に対する開示（透明性の向上・説明責任の履行）、行政経営への活用（行政経営マネジメント）、資産・債務の適切な管理（資産債務改革）が挙げられています。
- しかしながら、一部の自治体を除き、財務書類を作成するのみにとどまり、財務書類が十分に活用されていないことが課題となっています。その原因としては、新地方公会計制度の取り組みが全庁的に行われていないことや、自治体職員の人事ローテーションによる会計に関する意識・知識の希薄化、財務書類が行政経営管理サイクルに活用される仕組みづくりが十分でないことなどがいわれています。

【参考文献等】

- 青山伸一、鵜川正樹、小俣雅弘、白山真一、宮本和之『すぐに役立つ公会計情報の使い方』(ぎょうせい) 2010年
- 出井信夫『基礎からわかる自治体の財政分析』(学陽書房) 2008年
- 亀井孝文『公会計制度の改革』(中央経済社) 2008年
- 瓦田太賀四『公会計の基礎理論』(清文社) 1996年
- 監査法人トーマツ編著『新地方公会計制度の徹底解説』(ぎょうせい) 2008年
- 肥沼位昌編著『キーワードでわかる自治体財政』(学陽書房) 2007年
- 国際公会計学会監修、吉田寛、隅田一豊、筆谷勇編『公務員・実務家のための公会計監査用語辞典』(ぎょうせい) 2002年
- 小坂紀一郎『一番やさしい自治体財政の本』(学陽書房) 2007年
- 小西砂千夫『自治体財政のツボ 自治体経営と財政診断のノウハウ』(関西学院大学出版会) 2007年
- 小西砂千夫『自治体財政健全化法』(学陽書房) 2008年
- 小村武『予算と財政法(三訂版)』(新日本法規出版) 2002年
- 桜井久勝『財務会計講義＜第12版＞』(中央経済社) 2011年
- 地方公会計研究会編『早わかり公会計の手引き』(第一法規) 2009年
- 東京都会計実務研究会著 浅野秀治編集『自治体会計実務マニュアル』(ぎょうせい) 2000年
- 藤井秀樹【監訳】『GASB/FASAB 公会計の概念フレームワーク』(中央経済社) 2002年
- 筆谷勇監修 ㈱日本公会計総合研究所編集『Q&A 公会計読本』(ぎょうせい) 2004年
- 松木茂弘『自治体財務の12か月』(学陽書房) 2010年
- 山崎正『地方議員のための予算・決算書読本』(勁草書房) 2004年
- 山田康裕『公会計における財務報告の目的とその問題点』(会計検査研究 No.32) 2005年

- 総務省ホームページ『健全化判断比率及び資金不足比率に関する解説』2010年
- 総務省『総務省方式改訂モデル財務書類の記載要領』2010年
- 総務省『地方公共団体における財務書類の活用と公表について』2010年
- 日本公認会計士協会『公会計概念フレームワーク』2003年
- 総務省『統一的な基準による地方公会計マニュアル』2015年

索　引

【数字】

100条調査権 …………………………… 52
3E 監査 …………………………………… 67

【アルファベット】

PDS サイクル …………………………… 77

【い】

一般会計 ………………………………… 34
一般財源 ……………………………… 140
移転支出的なコスト ………………… 136
印刷事業 ………………………………… 35

【か】

外郭団体 ………………………………… 45
外観的独立性 …………………………… 64
会計課 …………………………………… 23
会計管理室 ……………………………… 23
会計管理者 ………………………… 23,58
会計室 …………………………………… 23
会計情報 ………………………………… 75
会計年度独立の原則 ……………… 29,58
会計の定義 ……………………………… 12
会計報告 ………………………………… 39
会計報告書 ……………………………… 42
会計報告の主体 ………………………… 44
介護保険事業 …………………………… 35
介護保険事業会計 ……………………… 36
介護保険特別会計 ……………………… 35
回収不能見込額 ……………………… 130
外部利害関係者 ………………………… 18
家計 ……………………………………… 16
貸付金 ………………………………… 130
貸付金・出資金等の回収等による財源増
　………………………………………… 140
貸付金・出資金等への財源投入 ……… 140
科目振替 …………………………… 139,140
環境衛生 ……………………………… 137
監査委員 ………………………………… 62
監査委員監査 …………………………… 63
監査委員事務局 ………………………… 73
監査委員の職務権限 …………………… 65
監査委員の審査 ………………………… 23
監査権 …………………………………… 53
監査請求 ………………………………… 72
管理会計 …………………………… 18,19

【き】

議会 ……………………………………… 51
議会の権限と役割 ……………………… 52
議会の請求に基づく監査 ……………… 70
機会費用 ……………………………… 125
企業会計 ………………………………… 17
基金運用状況審査 ……………………… 71
基金等 ………………………………… 130
基準モデル ………………………… 103,128
軌道事業 ………………………………… 35
機能するバランスシート …………… 110
キャッシュ・フロー計算書 …………… 32
教育 …………………………………… 137
行政監査 ………………………………… 69
行政コスト計算書 ………………… 103,135

【く】

繰上充用 ………………………………… 30

【け】

経常行政コスト …………………… 135,136
経常収益 …………………………… 135,138
経常収支比率 …………………………… 89
経常的支出 …………………………… 144
経常的収支の部 …………………… 142,143,144
経常的収入 …………………………… 144

索　引　**173**

決算 …………………………… 22	固定負債 ……………………… 132
決算 …………………………… 76	
決算カード …………………… 37	【さ】
決算書 ……………………… 22,62	災害復旧事業費 ……………… 140
決算審査 ……………………… 71	財政健全化基準 ………………… 84
決算統計 ……………………… 36	財政健全化指標 ………………… 79
減価償却による財源増 ……… 140	財政再生基準 …………………… 84
現金主義会計 ………………… 91	財政事情 ……………………… 48
現金主義による会計処理の補完 … 122	財政状況 ……………………… 48
現金預金 ……………………… 132	財政的援助団体等の監査 …… 69
検査権 ………………………… 53	財政のあらまし ……………… 48
	財政力指数 …………………… 87
【こ】	財務会計 ……………………… 18
公営企業会計 ………………… 36	財務書類4表 …………… 103,146
公営企業特別会計 …………… 35	暫定予算 …………………… 24,54
公営事業会計 ……………… 34,36	
公益質屋事業会計 …………… 36	【し】
公益法人 ……………………… 48	資金収支計算書 ………… 103,142
公会計 ………………………… 16	資金不足比率 ………………… 82
公共資産 ……………………… 130	事故繰越制度 ………………… 30
公共資産処分による財源増 … 140	資産 …………………………… 128
公共資産整備支出 …………… 144	資産の部 ……………………… 130
公共資産整備収支の部 … 142,143,144	資産評価替えによる変動額 … 142
公共資産整備収入 …………… 144	資産評価差額 ………………… 133
公共資産整備への財源投入 … 140	資産評価に伴う増減 …… 139,142
公共資産等整備一般財源等 … 133	支出 …………………………… 31
公共資産等整備国県補助金等 … 133	支出負担行為 ……………… 31,58
公共資産除売却損益 ………… 140	支出命令 ……………………… 31
交通災害共済事業会計 ……… 36	市場 …………………………… 35
公的説明責任 ………………… 43	実質赤字比率 ………………… 80
公有財産台帳 ………………… 91	実質公債費比率 ……………… 81
公立大学付属病院事業会計 … 36	実質収支比率 ………………… 88
国際公会計基準 ……………… 45	指定金融機関等の監査 ……… 72
国際会計士連盟公会計基準審議会 … 45	社会保障給付 ………………… 144
国民健康保険事業 …………… 35	収益事業会計 ………………… 36
国民健康保険事業会計 ……… 36	収納 …………………………… 31
国民健康保険事業特別会計 … 35	受託責任 ……………………… 41
国庫支出金 …………………… 140	純経常行政コスト ……… 136,140
国庫補助金 …………………… 144	純経常行政コストとその財源 … 138
固定資産台帳 …………… 105,165	純計予算主義 ………………… 57

| 純資産 129
| 純資産の部 133
| 純資産変動計算書 103,138
| 上水道事業 35
| 将来負担比率 82
| 使用料・手数料 138
| 人件費 144
| 新地方公会計制度研究会 103
| 新地方公会計制度研究会報告書 103
| 新地方公会計制度実務研究会 103
| 新地方公会計制度実務研究会報告書 103

【す】

随時監査 67
出納整理期間 23,31,59
出納閉鎖日 32

【せ】

生活インフラ・国土保全 137
性質による分類 136
政府資産・債務改革 102
説明責任（アカウンタビリティー） 41,159

【そ】

総計予算主義 56
総務省方式改訂モデル 103,128
その他一般財源等 133
その他行政コスト充当財源 140
その他のコスト 136
損益計算書 32,42

【た】

第三セクター 45
貸借対照表 42,128
貸借対照表（バランスシート） 103
退職手当引当金 132
代表監査委員 64
単一会計主義 34
単一予算主義 57
短期借入金（翌年度繰上充用金） 133

単式簿記 91
単年度主義 29

【ち】

地方公営企業法の適用 35
地方公共団体における財務書類の活用と公表について 161
地方公共団体の財政の健全化に関する法律 79,116
地方公共団体の財政の健全化に関する法律に基づく審査 72
地方公共団体の総合的な財政分析に関する調査研究会報告書 102
地方公共団体の総合的な財政分析に関する調査研究会報告書――『行政コスト計算書』と『各地方公共団体全体のバランスシート』 102
地方交付税 140,144
地方債 132
地方債償還に伴う財源振替 140
地方財政状況調査 36
地方財政白書 37
地方住宅供給公社 48
地方税 140,144
（地方自治法）第221条第3項の法人 48
（地方自治）法第199条に基づく監査 65
地方道路公社 48
地方分権 114
長期延滞債権 130
長期未払金 132
調定 31
長の要求に基づく監査 70
直接請求に基づく監査 70

【て】

定期（定例）監査 66
鉄道事業 35

【と】

統一的な基準による財務書類 128

索引 175

東京都方式	110
投資・財務的支出	145
投資・財務的収支の部	142,143,145
投資・財務的収入	146
投資及び出資金	130
投資損失	140
投資等	130
当初予算	53
特別会計	34,45
土地開発公社	48
都道府県支出金	140

【の】

| 農業共済事業会計 | 36 |
| 納入の通知 | 31 |

【は】

| 売却可能資産 | 130 |

【ひ】

| 人にかかるコスト | 136 |

【ふ】

福祉	137
負債	129
負債の部	132
普通会計	34,35
普通会計財務書類	127
物件費	144
分担金・負担金・寄付金	138

【ほ】

補助金等	144
補助金等収入	140
補正予算	53

【み】

| 未収金 | 132 |
| 未払金 | 133 |

【む】

| 無償受贈資産受入 | 142 |

【も】

| 目的別による分類 | 136 |
| 物にかかるコスト | 136 |

【ゆ】

| 有形固定資産 | 130 |
| 夕張市問題 | 116 |

【よ】

翌年度支払予定退職手当	133
翌年度償還予定地方債	133
予算	24,75
予算公開の原則	58
予算制度	53
予算統一の原則	57
予算の事前議決の原則	57

【り】

流動資産	132
流動負債	132,133
臨時損益	139,140

【れ】

例月出納検査	71
連結財務書類	127,149
連結実質赤字比率	80

【ろ】

| 老人保健医療事業会計 | 36 |

あとがき

　2011年3月の東日本大震災を経験した我が国は、原子力発電所の事故等も一つの契機となって、物質至上主義からの脱却と自然の脅威との共存といった、大きな価値転換が求められています。このような価値転換期には、ゲゼルシャフト的な組織では対処が困難な局面も想定され、今まで以上に"人と人の絆、地域と地域の絆"を重視するようなゲマインシャフト的な組織の重要性が見直されることも考えられます。

　このような時代背景のもとでは、多様な住民ニーズに対応した身近な行政を行うための"地方分権化"を実現することは、概念的な遠い存在としてではなく、具体的な身近な問題として、一人ひとりが本当に真剣に考えなければならない大きな課題となっているものと思料いたします。

　このための重要なプレーヤーのひとりが、地方公共団体であることは紛れもない事実であり、それ故、地方公共団体が担うべき使命はより一層重要となってきます。しかしながら国家財政・地方財政は大変厳しい状況であり、限られた財源のもとで、有効で効率的な"行政経営"を行っていくことが以前にも増して重要になります。

〜公会計の未来に係る一つの見方〜

　本書では、公会計の役割とは何かという点について、行政組織のマネジメントの強化という観点から具体的な公会計制度の説明をしてきました。

　この「あとがき」では、多少難しくなりますが、公会計が果たす役割を、行政組織のマネジメント改善のためのツールという技術的な観点からとは違った捉え方、すなわち、「意思決定情報としての公会計」という観点から見ていき、「公会計の未来」を考えてみたいとと思います。理論的・抽象的な話で、固い話になってしまいますが、「あとがき」ということで、よろしくお付き合いください。

なお、ここで想定している「意思決定情報としての公会計」とは、国民や住民といった「市民」の主体的な意思決定の立場から公会計の役割を位置付けるというもの、例えば、公会計情報が市民の投票行動を通じた政治的意思決定にどのように役立つのかといったような視点です。

1　新公共経営（NPM：New Public Management）の変遷の視点から

　この点を考えていくために、行政における「新公共経営」の変遷という側面を見ることが考えられます。本書で解説してきました新地方公会計制度は、官庁会計の問題点を改善すべく、民間企業で実施されているような企業会計方式を公会計に適用していくものでした。これは、とりもなおさず、民間的経営手法を公的分野に活用して経営の改善を図るという目的をもつ「新公共経営」の発想そのものです。

　昨今の行政学上では、「新公共経営」に対する各種の批判的検討がなされ、このような方向性が修正されようとしています。これは、NPMからNPS（New Public Service）へという主張や、さらにはNPG（New Public Governance）へなどといった主張です。

　これらを表にまとめると次のようになります。このような動きを理解することは、我が国の新地方公会計制度の今後の方向性を検討するため、また、市民の政治的意思決定と公会計情報の関係等を検討していくための一つの手掛かりとして、重要なものと考えられます。

　NPMの視点においては、市民＝顧客と見る考え方を基礎としており、市民の行動はあくまでも公共サービスとしての公共財を受容するという受動的態様として把握されるものです。しかしながら、NPSやNPGという考え方は、公共サービスの提供主体としての行政に対して、国民や住民が、単にそれを受動的に受け取るのではなく、自律的・積極的な関係として、投票行動等を通じた政治的側面から、市民的な対話・論議を重視する関係を築くという発想に転換されているモデルであると考えられます。

　現状の新地方公会計制度はNPMの発想のなかで制度化されたものですが、今後の公会計の未来を考えていくためには、このようなNPSや

	New Public Management	New Public Service
主要な理論的及び認識論的基盤	実証主義社会科学を基礎としたより洗練された対話を有するような経済学理論	実際的・説明的・批判的・ポストモダンを含む知識への多様な接近を有するような民主主義理論
支配的な合理性及び関連した人間行動モデル	技術的及び経済的合理性を有する"経済人"、あるいは、自己利益決定者	複数の合理性（政治的、経済的、組織的）基準を有する戦略的合理性
公共の利益の概念	個人の利益の集計の結果	価値共有についての対話の結果
公務員は誰に反応するか？	顧客	市民
政府の役割	操縦（市場力を解き放つための触発者として行動をすること）	奉仕（価値共有を創造するために、市民や共同体の間における利害を交渉し仲介すること）
政策目的達成のための仕組み	私的及び非営利機関を通した政策目的達成のための仕組み及び動機付け構造を創設すること	総合にニーズに合致するために公的、非営利、私的機関の連合を構築すること
説明責任へのアプローチ	市場が駆動（Market-driven）—個人の利益の累積が幅広い市民（あるいは顧客）のグループによって要求されるアウトカム（成果）の結果になる	広範囲—公務員は法律、共同体の価値、政治規範、専門家の基準、市民の利益に奉仕しなければならない
行政裁量	起業家のゴールに合致するための広範な自由	必要であるが制約され責任のある裁量
前提となる組織構造	機関の中に主要なコントロールを残した分権化された公的機関	内部的にも外部的にも共有されたリーダーシップを有する協同構造
前提となる公務員及び行政官の動機の基準	起業家精神、政府の大きさを小さくするための観念的な要望	公共奉仕、社会へ貢献するための要望

（Denhardt, R. B., and Denhardt, J. V., "The New Public Service: Serving Rather than Steering", Public Administration Review, Vol.60, No.6, 2000, pp.553-557から抜粋。日本語翻訳は筆者による）

NPGといった考え方を取り入れた"理念"が必要になってくるのかもしれません。

	Public Management	New Public Management	New Public Governance
理論的源泉	政治科学及び公共政策	合理的／公共選択理論及びマネジメントの諸研究	制度派理論及びネットワーク理論
政府の特性	中央集権	調整	多元性（pluralism）及び社会的多元主義（pluralist）
焦点	政治システム	組織	環境に応じた組織
強調点	政策の創設及び実行	組織的資源及び業績のマネジメント	価値、真意（meaning）及び関係に係る交渉
資源配分メカニズム	階層	市場及び古典的あるいは新古典的契約	ネットワーク及び関係性を有する契約（relational contracts）
サービス体系の特性	閉鎖性（Closed）	開かれた合理性（Open rational）	開かれてはいる閉鎖性（Open closed）
価値基準	パブリックセクターの文化的精神	競争の有効性及び市場	分散性及び議論性

(Edited by Stephen, P. Osborne "The New Public Governance? Emerging perspectives on the theory and practice of public governance" p.10から抜粋。日本語翻訳は筆者による)

2　公共哲学の視点から

　このような新しい"理念"を考えていく場合には、公会計制度を行政組織のマネジメント改善のためのツールとして捉えるレベルのような、ある意味では"狭い"発想の見方を超えていくことも必要です。そのためには、会計技術的な観点からは離れたところでの発想、例えば「公共哲学」的な発想から物事を見ていくことも必要になってくるかもしれません。

　公共哲学の考え方の一つに「市民的公共圏」といった概念があります。この概念はハーバーマスというドイツの学者が主張するもので、大変に難しい概念です。この概念は、非組織的な公共圏における自発的なコミュニケーションによる課題発見・問題の解決と制度化された政治的意思決定メカニズムが連携して機能するような空間として考えられるもの

です。また、「市民的公共圏」は行政権力に影響を与えるものとしての公論形成とそのための担い手としての市民を創出する場として把握されるものでもあります。

　このような「市民的公共圏」は「政治的公共圏」として機能する現実的な空間概念として、市民が能動的に働きかける空間であるため、そこでは、行政は単なる「受託責任」や「説明責任」の履行で済むものではありません。また、そのような空間における公会計情報は、「市民の政治的意思決定」に対する有用性へとその役割の比重が大きく変容する方向性が見出されることになります。

　このような見方からするならば、政策論争やそれに伴う政党間競争が「市民的公共圏」において惹起されるとき、そのための討議の前提として、政策に関連した公会計情報が提示されることにより、政策の有効性判断のための情報が公会計情報によって定量的に把握されることが必要となります。また、公会計情報が市民の意思決定に結びつき、具体的な法的・政治的制度としての選挙過程（政策選択過程）において活用されるとき、公会計情報が政治的意思決定のための有用な情報となりえるとも考えられます。

　このような視点は一つの見方にすぎませんが、公会計の未来を考えていく際に、新地方公会計制度を今後より一層"意味のある"ものにしていくためには、ここで触れたような視点から考えていくことも、一つの方法論として考えられるのではないでしょうか。

　大変に抽象的な話で、また、難しい話で申し訳ありませんでした。お付き合いいただき、誠にありがとうございました。

　最後になりましたが、本書の企画から出版に至るまで、学陽書房　編集部企画課　川原正信氏には、大変にお世話になりました。執筆者一同を代表いたしまして、ここに厚く御礼申し上げます。

有限責任監査法人トーマツ　パブリックセクターインダストリーグループ

　有限責任監査法人トーマツはデロイト　トウシュ　トーマツ　リミテッド（英国の法令に基づく保証有限責任会社）のメンバーファームで、監査、マネジメントコンサルティング、株式公開支援、ファイナンシャルアドバイザリーサービス等を提供する日本で最大級の会計事務所のひとつです。国内約40都市に約2,500名の公認会計士を含む約4,800名の専門家を擁し、大規模多国籍企業や主要な日本企業をクライアントとしています。詳細は当法人 Web サイト（www.tohmatsu.com）をご覧ください。

　有限責任監査法人トーマツのパブリックセクターインダストリーグループでは、中央省庁、地方自治体、およびそれらの外郭団体（第三セクター、公益法人など）や独立行政法人、国立大学法人、地方独立行政法人、学校法人などのパブリックセクター（公的機関など）に対して、会計監査、各種の経営コンサルティング、研修講師、財務会計システムの導入支援などのサービスを総合的に提供しています。

<総監修>

白山　真一
有限責任監査法人トーマツ東京事務所　パブリックセクター部　パートナー　公認会計士

<監修>

長村　彌角
有限責任監査法人トーマツ東京事務所　パブリックセクター部　パートナー　公認会計士

宗和　暢之
有限責任監査法人トーマツ東京事務所　パブリックセクター部　パートナー　公認会計士

<執筆>

小俣　雅弘
有限責任監査法人トーマツ東京事務所　パブリックセクター部　パートナー　公認会計士

山田　達也
有限責任監査法人トーマツ東京事務所　パブリックセクター部　マネジャー　公認会計士

富田　慎二
有限責任監査法人トーマツ東京事務所　パブリックセクター部　シニアマネジャー　公認会計士

倉本　正樹
有限責任監査法人トーマツ大阪事務所　パブリックセクター　マネージャー　公認会計士

利行　淳
有限責任監査法人トーマツ名古屋事務所　パブリックセクター部　マネージャー　公認会計士

塩塚　正康
有限責任監査法人トーマツ福岡事務所　パブリックセクター　マネージャー　公認会計士

一番やさしい公会計の本 ＜第1次改訂版＞

2012年7月17日	初版発行
2015年12月10日	第1次改訂版発行
2017年11月15日	第1次改訂版4刷発行

編　者　有限責任監査法人トーマツ　パブリック
　　　　セクターインダストリーグループ

発行者　佐久間重嘉

発行所　学陽書房

〒102-0072　東京都千代田区飯田橋1-9-3
営業部／電話　03-3261-1111　FAX　03-5211-3300
編集部／電話　03-3261-1112
http://www.gakuyo.co.jp/
振替　00170-4-84240

装幀／佐藤博
印刷／東光整版印刷　製本／東京美術紙工
Ⓒ 2015 Deloitte Touche Tohmatsu LLC, Printed in Japan
ISBN 978-4-313-16641-7 C3033
乱丁・落丁本は、送料小社負担にてお取り替えいたします。